KB269869

청 소 년 을 위 한

언어란 무엇인가

SPRACHE ODER WAS DEN MENSCH ZUM MENSCHEN MACHT
by Nikolaus Nützel

말과 글에 대해 알아야 할 모든 것

니콜라우스 뉘첼 지음 | 장영준 감수 | 노선정 옮김

살림Friends

이 책이 한국어로 번역된다니, 저한테는 너무나 영광스런 일입니다. 대한민국이라는 나라에 대해서 아주 많이 알고 있는 것은 아니지만 한 가지만은 분명합니다. 한국에도 늘 새로운 것을 배우고자 하는 사람이 많다는 사실이지요. 이렇게 머나먼 독일이라는 나라에서 쓰인 책이라 해도 말입니다.

제가 이 책을 집필할 때는 사실 독일의 독자들, 아니면 적어도 유럽의 독자들을 염두에 두었습니다. 하지만 언어의 기적과 비밀에 관한 이야기를 하면서 제가 독일의 독자들에게 선사하고 싶었던 내용은 분명 다른 나라 독자들에게도 똑같이 유익할 것이라 생각합니다. 말하고 쓰고 이해하는 행위에 관한 모든 신비한 사실을 담은 즐거운 이야기. 인간이라는 아주 특별한 존재를 가능케 하는 그 무엇인가에 대해 생각할 수 있는 기회를 제공하는 책. 바로 '언어'에 관한 책입니다!

한국의 독자 여러분, 여러분이 지금 이 책을 손에 들고 읽는다는 것만으로도 신비한 언어의 힘을 듬뿍 경험하는 셈입니다. 저와 여러분은 서로 멀리 떨어져 살고, 사용하는 언어도 너무나 다른 문화입니다. 그럼에도 불구하고 이 책의 번역 출간으로 여러분과 제가 똑같은 생각을 공유하게 되었네요. 이 자리를 빌어 옮긴이께도 깊은 감사의 말을 전합니다. 말과 언어에 관해 사색하는 일이 얼마나 신나고 즐거운 일인가요! 여러분도 이 책을 읽으면서 저처럼 많은 즐거움과 재미를 느끼시기 바랍니다.

독일에서, 니콜라우스 뉘첼

언어학이란 무엇일까요? 물론 언어를 연구하는 학문이겠지요. 그렇다면, 언어를 연구한다는 말은 어떤 뜻인가요? 나무를 연구한다고 말할 때, 어떤 장면이 떠오르세요? 그렇지요. 아름드리 기둥에서 난 가지들과, 그 가지들을 뒤덮은 무수한 나뭇잎들, 그리고 그 나뭇잎들로 만들어진 그늘 아래 앉아서 수박을 먹던 어린 시절이 떠오르지요? 나무를 연구하는 사람은 "이 나무가 몇 살일까? 키는 몇 미터나 될까?" 뭐 이런 것들을 알아보겠지요. 그런데 언어를 연구하는 사람들은 도대체 무엇을 연구하는 것일까요?

많은 사람들이 묻습니다. 언어학자라면서요? 몇 개의 언어를 구사하세요? 영어를 쉽게 배우는 비결은 무엇인가요? 모두 다 틀린 질문은 아니지만, 맞는 질문도 아닌 것 같습니다. 언어학자는 언어를 연구하는 사람일 뿐, 언어를 '잘' 사용하는 사람이어야 하는 것은 아니기 때문이지요.

매일 사용하는 언어, 그러면서도 아무런 비용도 들지 않고, 아무리 사용해도 줄어들지 않는 언어! 참으로 묘한 것입니다. 두 살짜리 어린아이가 어느 날 갑자기 말문이 트이는 것을 보는 순간, 제 아무리 언어학자가 아닌 사람이라도 그 경이로움에 한순간 멍해지는 기분이 들 것입니다. 저 아이는 어떻게 말을 하게 되었을까? 누가 가르친 것도 아닌데. 영어나 다른 외국어를 배우려고 10년, 20년 노력하는 어른들을 보세요. 참으로 놀랍지요?

좀 더 끈질긴 사람이라면 이렇게 물어볼지도 모릅니다. 최초의 인간은 누구에게서 언어를 배웠을까? 하느님에게서? 그럼 하느님은 어떤 언어를 사용했을까? 답을 알 수 없어 머리가 점점 더 아파 오지요?

이 책은 이런 심오한 질문을 포함해 언어와 관계된 다양한 질문들에 대한 대답을 시도합니다. 말 그대로 '우리가 언어에 대해 알고 싶던 모든 것들'에 대한 이야기를 담고 있지요. 이런 재미있고 쉬운 책으로 인간의 가장 소중한 조건이자 자산인 언어에 대해 공부할 수 있는 여러분은 정말 행운아입니다. 옛날에도 이런 책이 있었더라면 얼마나 좋았을까 하고 생각해 봅니다. 언어에 관한 여러 가지 궁금증들을 책을 읽으면서 생각해 보고, 또 앎의 즐거움을 만끽하시기 바랍니다.

장영준(중앙대학교 영문학과 교수)

Contents

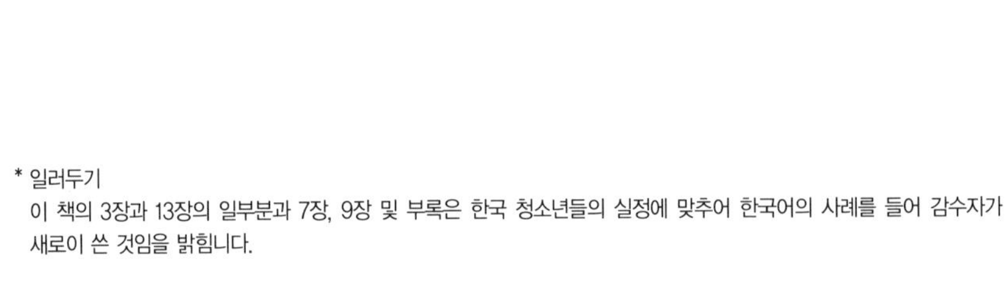

* 일러두기
  이 책의 3장과 13장의 일부분과 7장, 9장 및 부록은 한국 청소년들의 실정에 맞추어 한국어의 사례를 들어 감수자가
  새로이 쓴 것임을 밝힙니다.

인간은 언제부터
말을 했을까?

대부분의 언어 연구자들의 의견에 따르면 10만 년 전 석기 시대의 원시인들이 지금 우리가 언어라고 부를 수 있을 정도의 말을 사용했다고 합니다.

01

●●● 남아프리카 사막, 유적 발굴현장의 오전 시간이었습니다. 어느 고고학자가 원시인의 해골 한 점을 조심스럽게 들어내고 있었습니다. 조그만 붓으로 뼈에 붙어 있는 흙과 먼지를 털어 냅니다. 고고학자들은 해골 위에 쌓여 있던 암석층을 살펴보기만 해도 그것이 얼마나 오래된 뼈인지 대략 짐작할 수 있지요. 해골의 정체는 약 200만 년 전에 살았던 호모 하빌리스, 즉 '손재주를 가진 인간'이었습니다.[1]

---

1) 영국 인류학자 L. S. B. 리키와 그의 아내인 선사학자 M. 리키가 탄자니아 올더바이 계곡에서 1959년 진잔트로푸스 보이세이를 발견하고, 이들이 함께 출토된 원시적인 석기의 제작자이며 연대는 180만 년 전으로 추정하였습니다. 그러나 1964년 리키는 종래 학설을 정정하여 진잔트로푸스 발견지 옆의 좀 더 오래된 층에서 그것보다 둥글고 부푼 뇌두개(腦頭蓋)와 날씬한 턱뼈를 발견, 이를 호모 하빌리스라고 명명하였습니다. - 감수자 주(이하 모든 주석은 감수자 주임)

연구자들이 특별히 관심을 가지는 의문이 있습니다. 오늘날의 인간들과 먼 친척뻘인 이 원시인들의 머릿속은 어떻게 생겼을까? 물론 원시인들의 뇌가 남아 있을 리는 없습니다. 이미 오래전에 흙과 먼지 속으로 녹아 들어갔을 테니까요. 하지만 특수한 뢴트겐 검사인 컴퓨터단층촬영을 통하면 고고학자들은 원시인들의 뇌에 대해 몇 가지 특징을 알아낼 수 있습니다.

호모 하빌리스는 왼쪽 귀 윗부분에 작은 돌출부를 가지고 있었습니다. 현대인들은 바로 이 부분에 운동 언어 영역인 브로카 영역이 자리 잡고 있지요.[2] 이 부분은 우리 뇌가 갖고 있는 사고 기관의 한 부분으로서 거의 전적으로 언어능력만을 담당합니다. 그로부터 연구자들은 이미 200만 년 전의 우리 선조들이 원시적 형태이기는 하나 언어를 구사할 수 있는 전제 조건을 가졌다는 결론을 내렸습니다.

다른 곳으로 한번 가 봅시다. 인도네시아의 원시림입니다. 고고학자들이 땅바닥으로부터 조심스럽게 석기로 된 도구를 파내고 있습니다. 연구자들이 호모 에렉투스[3]라고 명명한 일련의 원시인들이 짐승을 죽이거나 고기를 찢거나 가죽을 벗기기 위해 사용한 주

---

2) 폴 브로카라는 프랑스 외과 의사에 의해 좌뇌의 특정 영역이 언어를 담당하고 있다는 사실이 밝혀졌고, 그 부위는 브로카 영역이라고 불립니다.

3) 최초의 인류로 간주되는 호모 에렉투스는 아프리카가 주요 발상지이며, 호모 하빌리스에서 진화한 것으로 보입니다. 호모 에렉투스는 수십만 년 동안 아프리카의 열대우림에서만 살았으나, 점차 아시아와 유럽의 일부 지역으로 이동하기 시작했습니다. 호모 에렉투스는 초기의 호모 사피엔스가 출현하기 이전(중기 홍적세)인 약 30만 년 전까지 번성했던 것으로 보입니다.

먹도끼와 찍개를 파내는 것입니다. 현장에 있는 학자들이 무엇보다 홍미진진하게 여기는 것은 호모 에렉투스의 주거지가 발견된 장소입니다. 그곳은 이미 100만 년 전부터 대륙에서 떨어져 나갔던 인도네시아의 플로레스 섬입니다. 그러므로 약 80만 년 전에 살았던 원시인들은 뗏목을 만들어 플로레스 섬으로 이동할 수밖에 없었지요.

이 사실에서 많은 고고학자들은 다시금 당시 인간의 선조들이 언어를 가지고 의사소통을 했다는 증거를 발견합니다. 그들이 말을 하지 못했다면 뗏목의 주조처럼 많은 수고가 들어가는 일은 불가능했을 테니까요. 함께 계획을 세우고 협동해야만 뗏목을 만들 수 있기 때문입니다. 그리고 이 같은 계획이나 협동은 말을 하는 존재만이 수행할 수 있습니다.

또 다른 곳으로 가 볼까요. 남프랑스에서 새로 발견된 동굴 벽화! 고고학자들은 천장 벽화의 화려한 색에 감탄을 금치 못했습니다. 약 4만 년 전, 이른바 크로마뇽인[4]은 들소와 말의 그림을 동굴의 천장에 그려 넣었습니다. 또한 그들은 동굴 근처에 안타깝게 죽

---

4) 후기 구석기 시대(3만 5,000년 전~1만 년 전)에 출현했습니다. 1868년 프랑스의 지질학자 루이 라르테는 프랑스 남부의 도르도뉴에 위치한 크로마뇽의 앞은 동굴에서 모두 5개의 고고학적 단층을 발견했습니다. 가장 위쪽 단층에서 발견된 3만 5,000년 전~1만 년 전의 화석에 크로마뇽인이라는 이름이 붙여졌는데, 이 화석인은 네안데르탈인과 함께 구석기 시대의 대표적인 선사 인류로 간주됩니다. 크로마뇽인은 골격이 단단하고 억세며, 키는 166~171cm였던 것으로 추정됩니다. 앞이마는 편평하고, 눈썹 뼈는 좁으며, 두개골은 길고 좁지만 얼굴은 짧고 넓습니다. 뇌용적은 현대인의 평균 뇌용적보다 다소 큰 1,600cm³ 정도였습니다.

은 가족을 위해 정성스럽게 무덤을 꾸미고 장례를 치렀습니다. 이를 통해 연구자들은 추측을 합니다. 이처럼 아름다운 그림을 그리고 죽은 이들을 위해 정성을 다하는 사람이라면 먹고 마시고 잠자는 일만이 아니라 다양한 사고를 할 줄 안다는 겁니다. 그리고 다양한 사고를 할 줄 아는 존재라면 서로가 말을 했음이 틀림없습니다. 즉, 4만 년 전의 동굴인들은 매우 정교한 언어를 사용한 것입니다.

:: 화석에 의해 추론하기

인간은 언제부터 말을 했을까요? 그리고 언제부터 잘 말할 수 있었을까요? 언어학자들은 이런 질문들에 깊은 관심을 기울입니다. 개별적인 외침이나 비명 소리를 내는 것이 아니라 그보다 훨씬 더 많은 내용을 나누는 의사소통 능력이야말로 인간이 다른 동물들과 확연히 다른 점입니다. 동물행동학자 데즈먼드 모리스는 인간을 '털 없는 원숭이'라고 명명한 적이 있습니다. 우리 털 없는 원숭이들에게 언어는 매우 독특한 역할을 부여합니다.

그러나 학자들은 '인간이 언제부터 말을 했을까?'라는 흥미진진한 문제를 풀어 줄 정답을 좀처럼 찾지 못하고 있습니다. 미국 연구자 마이클 코발리스는 그러한 안타까움을 다음과 같이 장난스럽게 표현했습니다.

"화석이 말을 할 수 있다면 얼마나 좋겠습니까! 우리가 발굴하는 연장들 옆에 카세트 녹음기가 있었더라면 또 얼마나 좋겠어요!"

인간이 말을 했다는 확실한 증거물 중 가장 오래된 것은 토기판에 새겨 넣은 최초의 비문인데, 겨우 6,000년밖에 되지 않았습니다.

그래서 1866년 말 프랑스의 언어학회는 매우 극단적인 결정을 내립니다. 이제부터 언어의 기원에 관한 토론은 금지한다는 내용이었죠. 학자들은 인간이 이미 아주 오래전에 말을 했는지, 혹은 어떻게 말을 했는지에 관한 학문적 자료가 없다고 판단한 것입니다. 그들의 결정은 이랬습니다.

"그 질문에 대해 토론하는 것은 비학문적인 행위이다. 고상한 언어학계에서는 그러한 토론은 허용될 수 없다. 이상 끝!"

:: 퍼즐 조각으로 추론하기

그러나 1866년 이후 언어학자들은 연구 방법과 지식을 크게 발전시킵니다. 고고학자들은 선사 시대 인간의 흔적이 남아 있는 유적을 몇 백 군데나 조사했습니다. 최근에 이르러서는 유물의 나이를 거의 정확하게 알아낼 수 있지요. 지구의 자기장에는 주기적인 변화가 일어나 각 시대의 암석층에 그 흔적을 남깁니다. 그러므로

어떤 암석층에서 발견된 뼈인지를 조사하면 그 뼈가 얼마나 오래
되었는지 알 수 있습니다.

그 외에도 유물에 함유된 방사능 이물질을 조사하면 많은 경우
유물의 나이를 어느 정도 정확하게 규정할 수 있습니다. 방사능 원
소들의 함량은 언제나 똑같은 속도로 파괴되기 때문이지요. 예를
들면 C^{14}라는 이름을 가진 방사능 원소가 얼마나 남아 있는지에 따
라 고고학자들은 출토된 유물이 얼마나 오래된 것인지 아주 정확
히 알아냅니다.

언어고고학자들이 뼈나 연장의 나이를 추정하는 일만 하는 것은
아닙니다. 그들은 원시인들의 해골 안쪽이 어떻게 생겼는지도 정
확히 알아냈습니다. 발견된 원시인들의 해골을 보고 어떻게 숨을
쉬었는지를 재구성해 냈습니다. 연구자들은 불을 지피던 장소와
창도 발견했습니다. 그리고 원시인들의 일상생활은 어떤 모습이었
을까 궁리했습니다. 발견된 출토품들에서 언어의 다양한 발전 단
계를 대략 추정할 수 있지요.

:: 태초에는 꿈이 있었다

언어고고학자들은 여러 가지 문제에 대해서 의견이 분분합니다.
그러나 한 가지 문제에서만큼은 의견 일치를 이룹니다. 즉, 인간이

단어를 만들어 내기 위해서는 그 전에 우선 사고하는 능력이 있어야만 했다는 것입니다. 그리고 인간이 사고하는 능력을 가지기 위해서는 그 전에 먼저 개념을 만들어 내야 했습니다. 다시 말해서 인간은 눈앞에 보이는 실제의 나무와 그가 머릿속에 만들어 내는 '나무'라는 그림을 구별할 줄 알아야 합니다. 이때 머릿속에 만들어 내는 그림이 바로 '개념'이지요.

대부분 동물의 뇌는 그런 구별을 하지 못합니다. 개구리가 1센티미터쯤 되는 길이의 무언가가 날아가는 것을 본다면 신경계 안에 이미 저장되어 있던 정보가 그에게 말합니다. "저건 파리다." 개구리는 배가 너무 부르지 않은 상태라면 아마 즉시 그것을 잡아먹으려고 할 것입니다. 뇌에 관한 연구 덕분으로 학자들은 개구리가 파리에 대한 꿈을 꾸지 않는 것을 알고 있습니다. 개구리의 주둥이 앞에 윙윙 날아다닐 때만 파리는 개구리의 관심 대상입니다.

조금 더 발달한 포유류는 한 발 앞서 갑니다. 그들은 꿈을 꾸기도 합니다. 개를 키워 본 사람이라면 누구나 다 아는 사실이지요. 누렁이나 렉스가 자는 모양을 자주 들여다본 사람이라면 공감할 것입니다. 그러니까 높은 단계의 포유동물의 뇌에는 직접 눈앞에서 사물을 보지 않는 동안에도 그 사물의 그림이 떠돌아다니고 있습니다. 하지만 개들은 기껏해야 구체적으로 일어났던 사건들을 마치 영화필름과 같이 다시 풀어 볼 수 있을 뿐입니다. 따라서 "난 이제부터 뭔가 아주 좋은 걸 상상해야겠어. 먹음직스러운 뼈다귀

같은 거 말이지."라고 결심한다는 것은 개에겐 불가능합니다.

바로 이 능력, 즉 사물을 보고 있지 않아도 의식적으로 그 사물의 그림을 뇌에 불러들이는 것이야말로 인간의 사고를 이루는 기본 조건입니다. 또한 그것은 다시 언어를 사용할 수 있게 하는 기본 조건이기도 합니다. 그러므로 우리의 선조가 몇 백만 년 전에 개념을 형성하기 시작했다는 것은 매우 혁명적인 진보를 의미합니다. 그들은 사물들이 저마다 특성을 지닌 것을 알았고, 머릿속에서 실제 사물로부터 그 특성들만을 따로 떼어 내 바라볼 수 있었으니까요.

:: 개념은 우리가 보는 것보다 더 많은 것을 담고 있다

바나나 한 개, 오렌지 한 개를 놓고 보면 외형상으론 거의 아무런 공통점을 발견할 수 없습니다. 하나는 길고 꼬부라진 모양에다 노란색을 띠고, 다른 하나는 공 모양이며 주황색입니다. 그런데도 우리의 선조들은 오래전부터 두 개 모두 먹을 수 있는 나무 열매이고, 맛있게 먹으려면 껍질을 까고 먹는 것이 제일 좋다는 것을 알아챘습니다(우리의 조상이 살던 원시림에는 바나나와 오렌지가 나란히 있던 적이 없었다는 사실은 일단 거론하지 맙시다. 단지 예를 드는 것뿐이니까요).

완전히 차이 나는 두 과일, 즉 '바나나'와 '오렌지'는 점점 더 똑

똑해지는 원시인들의 뇌에서 하나의 종합적인 무엇인가로 분류되었습니다. 바로 '과일'이라는 개념이지요. 그렇다고 해서 누군가 벌써 '과일'이라는 말을 사용했다는 것은 아닙니다. 원시인들은 과일을 '생각'했을 뿐이었습니다. 그러나 이러한 사고 단계가 없었다면 말을 하는 다음 단계는 불가능했을 것입니다.

언어고고학자들이 개념을 형성하는 단계가 이미 몇 백만 년 전에 분명히 있었으리라고 확신하는 이유는 아주 간단합니다. 몇몇 원숭이가 개념을 만들어 내는 능력을 어느 정도 지녔다는 것이 밝혀졌기 때문입니다. 그렇지 않다면 예를 들어 영리한 몇몇 침팬지가 상징 언어를 배울 수 없을 것입니다(이에 관해서는 제2장에서 더 자세히 다루겠습니다). 인간과 원숭이 둘 다 개념을 만들어 낼 수 있다는 사실에서 또 다른 결론이 도출됩니다. 약 500~600만 년 전에 살았던 원숭이와 인간 모두의 공동 조상이 사고의 초기 형태를 가지고 있었다는 점입니다.

그러나 원숭이와 인간의 발전은 곧 서로 다른 운명의 길을 걷습니다. 거의 200만 년 전에 살았던 인간의 조상은 벌써 오늘날 원숭이와는 현격한 차이점을 나타냅니다. 호모 에렉투스라는 라틴어 식의 이름이 그 사실을 표현해 주지요. 호모 에렉투스는 벌써 똑바로 서서 완전히 두 발로 걸을 수 있었으며, 직립보행은 오랑우탄이나 침팬지와는 완전히 다른 차이점을 보입니다. 원숭이들은 대부분의 경우 네 발을 사용해서 이동합니다.

더욱이 원시인의 뇌는 원숭이들의 것보다 벌써 몇 천 년이나 앞서 커지기 시작했는데, 무엇보다도 그들이 고기를 먹기 시작한 순간부터 뇌의 크기가 커졌습니다. 고기는 풀이나 씨앗보다 훨씬 더 많은 단백질을 함유하고 있기 때문이지요. 단백질은 뇌세포를 형성하는 데 중요한 역할을 합니다. 그리고 인간이 언어를 발전시키기 위해서는 충분한 양의 뇌세포가 만들어져야 합니다.

:: 씹는 기관에서 말하는 기관으로

하지만 단지 뇌가 있다고 언어를 구사할 수는 없습니다. 그 외에도 언어학자들의 말처럼 인간은 무엇인가를 나타내기 위한 통로를 가지고 있어야 합니다. 오늘날 그것은 무엇보다도 언어의 울림입니다. 처음에는 의사소통을 위해서 눈 역시 귀 못지않게 중요했을 것입니다. 손놀림이나 얼굴 표정은 언어의 초기 단계에서 결정적인 역할을 담당했을 것입니다. 약 200만 년 전 인간이 막 완전한 형태로 발전한 언어로 걸음마를 뗄 때만 해도 그들의 성대는 말을 하기에 적당하지 않았습니다.

말을 하기 위해 결정적인 요소는 자신의 호흡을 조절하는 일입니다. 원칙적으로 인간의 언어란 성대와 혀, 목구멍과 치아 안에 들어 있는 공기를 특정한 방식으로 진동하며 내쉬는 것이니까요. 이는 인간이 자신의 호흡을 자유자재로 조절할 수 없다면 불가능한 일입니다.

동물들은 이러한 능력을 가지고 있지 못합니다. 예를 들어 침팬지는 소리를 지르거나 외칠 수는 있습니다. 그렇지만 낱낱의 음절 소리를 낼 때마다 새로 숨을 들이마셔야만 합니다. 그래가지고는 제대로 된 말을 할 수가 없지요.

100만 년도 더 넘은 시절에 살았던 초기 단계의 원시인들의 뼈 역시 그들이 오늘날과 같은 식의 언어를 구사하지 못했다는 것을 보어 줍니다. 호모 에렉투스만 해도 흉부 영역에서 뼈 안을 통과하며 신경이 지나가도록 되어 있는 구멍이 너무나 작습니다. 그러한 신경계를 가지고는 호흡을 정확히 조절할 수 없습니다. 지금 우리의 언어와 견줄 만한 언어 사용은 불가능했던 것입니다.

반면에 원시인들이 독특한 방식으로 꽥꽥대거나 비명을 지르거나 그와 동시에 손짓을 사용하며 생각하는 바를 전달했을 것임은 충분히 짐작 가능합니다. 만일 그 당시에 한 원시인이 죽은 매머드를 발견했다면 곧장 다른 사람들에게 뛰어가며 "왜왜왜왝!" 하고 소리를 질렀겠지요. 동시에 그는 손을 움직여 매머드의 송곳니를 나타내는 시늉을 취하거나 죽은 매머드를 발견한 방향을 가리켰을 것입니다. 미국의 언어학자 데렉 비커튼[5]은 대략 그러한 장면을 상상했습니다. 우리의 그 원시인 친구는 틀림없이 그런 식으로 근처에 다량의 고기가 있으니 가져오자는 의견을 친구들과 가족에게 성공적으로 알렸을 것이라고요.

:: 언어를 향한 긴 여정

인간이 언어를 사용하기 위해 필요한 모든 신체적 전제 조건을 다 갖춘 시기는 약 20만 년 전입니다. 이때의 원시인들은 비명이나

---

5) Derek Bickerton (1926~) : 하와이 대학 언어학과 명예교수.

꽥꽥거리는 소리보다 훨씬 더 많은 것을 할 수 있었을 것입니다. 하지만 원시인들이 이 신체 조건을 활용하여 오늘날의 개념과 같은 진짜 언어를 사용하게 되기까지는 한참의 시간이 더 흘러야 했습니다. 대부분의 언어 연구자들의 의견에 따르면 10만 년 전 석기 시대의 원시인들이 지금 우리가 언어라고 부를 수 있을 정도의 말을 사용했다고 합니다.

초기에 언어가 만들어지기까지의 발전 과정은 다만 추론이 가능할 뿐입니다. 하지만 언어 기원에 관한 연구로 유명한 비커튼은 어린이들이 큰 역할을 담당했을 것이라고 추측합니다. 그는 석기 시대의 모습이 어떠했을 것이라는 시나리오를 제시합니다. 석기 시대에 '옥'이라는 성을 가진 씨족이 있었다고 가정하는 것이지요. 옥 가족에게 이웃에 사는 '욱' 부인이 놀러 왔습니다.

"옥 부인은 배고픈 두 살짜리 아기에게 젖을 먹이고 있었다. 한 손으로는 아기를 안고 다른 한 손으로 식사를 하면서. 우유 말고 다른 것도 먹어 보고 싶은 젊은 옥 부인은 고기를 향해 손을 뻗었다. 결국 옥 부인이 아기를 밀쳐 낸다. 어린 아기도 힘겹게 그것을 먹으려고 시도해 보지만 곧 실패하고 옹알이를 시작한다. '가가!' 그 옆에 앉아 떼를 부리며 고기를 먹으려는 아기를 지켜보던 이웃 여자 '욱' 부인이 재미있어 한다. 욱 부인은 이제 고기를 뺏으려는 시늉을 해 보이면서 '가가' 하고 아기의 옹알이를 흉내 낸다. 그렇게 해서 이 씨족 내에서는 고기를 뺏으려는 시늉을 하며 '가가' 라

고 말하는 것이 하나의 재미있는 놀이가 된다. 그 후 어쩌면 좀 더 나이가 많은 어린이들은 고기가 먹고 싶을 때나 혹은 어른들이 그들에게 고기를 너무 적게 나누어 주었다고 생각할 때마다 진지하게 '가가'라고 말하기 시작했을지도 모른다."

비커튼에겐 석기 시대 사람들이 정말로 '가가'라고 했는지 아닌지는 중요한 문제가 아닙니다. 아마 '가가'라고 하지도 않았을 것이고요. 그가 충분히 그럴 만하다고 여기는 점은 언어가 놀이를 하는 상황에서 생겨났을 것이라는 사실입니다. 친구들을 놀려 주기 위해 아기의 옹알이를 머릿속에 기억해 두었던 욱 부인은 다른 사람들도 함께 재미있어 하는지를 보기 위해, 혹은 '가가'라는 말을 계속 기억하는지 보기 위해 그 말을 다른 곳에서도 사용해 보았을 것입니다. 그녀가 실패했다면 아마 그 놀이는 성립하지 못했을 것입니다. 인간 역사에서 자주 일어났던 다른 경우처럼요.

그러나 욱 부인이 다음과 같이 한 것은 아닙니다. 즉, 욱 부인은 이웃 여자인 옥에게 "네가 지금 먹고 있는 것을 이 순간부터는 가가라고 부르자. 그럼 재미도 있고 이제부터 서로서로 요리법을 교환할 수도 있을 거야."라고 말할 수는 없었다는 것입니다. 그러한 진술을 이해하려면 – 그게 아무리 간단한 내용일지라도 – 이웃집 여자 옥이 이미 예전부터 단어에 관한 어느 정도의 경험이 있어야만 합니다. 하지만 그렇지 않았습니다.

그러므로 언어의 생성은 일정 부분 단순한 놀이와 관계가 있습니다. 첫 단어를 사용해 본 사람들은 다른 사람들이 자신이 하는 말을 이해하리라는 기대 없이 그냥 재미삼아 사용해 보았을 것입니다. 그래서 비커튼 교수는 언어의 생성 과정에서 특히 놀이를 좋아하고 무엇이든 시험해 보기를 좋아하는 이들, 즉 어린이나 청소년의 역할이 컸을 것이라고 생각합니다.

이때 결정적인 것은 원시인들이 언젠가 그들이 표현하려는 바와는 아무런 상관 없이 들리는 단어들을 만들어 냈으리라는 점입니다. 하지만 초창기 언어 연구자들은 석기 시대의 원시인들이 오로지 자연의 소리만을 모방했을 것이라는 가설을 제시했습니다. 이에 언어학자 요하네스 코메니우스[6]는 1670년에 쓴 『그림으로 보는 시각적 세계(Orbis sensualium pictus)』라는 책에서 특정 동물의 울음소리나 인간의 숨소리가 언어로 변모했을 거라고 추정되는 단어들을 열거했습니다. 그리고 독일어와 라틴어에서 그런 경향을 많이 볼 수 있다고 주장했습니다.

하지만 이른바 이 '멍멍설(멍멍이론)'은 오래가지 못했습니다. 왜냐하면 사리에 잘 맞지 않는 이론이었기 때문입니다. 자연이나 동물의 소리를 그대로 모방하는 의성어는 아주 극소수의 언어에서만 찾아볼 수 있습니다. 이탈리아에서는 모기를 '짠자라'라고 합니다. 모기가 '짜라라(한국어의 '위잉' 정도에 해당함)'하며 날아다니는 소리를 흉내 낸 단어이지요. 독일어에는 '바우바우', 한국어에는 '멍멍이'라는 단어가 있지만 그것들은 아줌마나 할머니가 아주 어린 꼬마들과 사용하는 단어일 뿐입니다. 보통의 사람들은 모두 '개'라고 하는데, 이 '개'는 실제 개가 짖는 소리하고는 아무런 상관이 없는 단어입니다. 영어의 '도그(dog)'나 독일어 '훈트(hund)', 혹은 프랑스어 '씨엥(chien)' 역시 개 짖는 소리와는 아무런 상관이 없습니다.

---

6) Johannes Commenius(1592~1670) : 체코 모라비아 출신 교육가이자 언어학자. 코메니우스는 영국의회로부터 1636년 신대륙 미국에 설립된 하버드 대학의 총장직을 제의받았으나 동족과 조국을 생각하면서 그 제의를 거절하고 유럽을 떠돌며 오랜 사색과 연구를 한 끝에 청소년들에게 새로운 인간성을 가르치는 교육이 중요하다는 결론을 내렸습니다. 교육철학에 관한 200여 권의 저서와 논문을 펴냈습니다.

:: 인간의 언어 생성에 관한 이론

인간의 언어가 맨 처음에 어떻게 생성되었는가에 대해서는 다음
과 같은 가설들이 있습니다.

- 멍멍설: 언어는 자연의 소리들을 모방함으로써 생겨났다.
- 아야설: 언어는 외침이나 비명소리에서 출발했다
- 영차영차설: 언어는 여러 사람이 힘든 일을 함께할 때 나는 신
  음소리나 구호를 외치는 소리에서 생겨났다.
- 노래설: 언어는 사람들이 모두 함께 부르던 노래에서 생겨났다.

자연의 소리를 모방함으로써 언어가 생겨났을 거라는 가정은 우
선 다음과 같은 이유에서 타당하게 들리지 않습니다. 즉, 좀 더 복
잡한 것을 말하고자 하는 사람이라면 단순히 '멍멍', '딸깍딸깍',
'쉬쉬'라는 소리만으로는 생각하는 바를 표현하지 못하기 때문입니
다. 남에게 무엇인가를 전달하려면 그가 말하려는 것과 아무 상관
이 없는 언어적 기호를 사용하지 않을 수 없습니다. 석기 시대 인간
이 의성어와 의태어만을 사용했다면 그는 '나-너에게-고기-준다,
너-나에게-좁쌀-준다.'라는 문장은 어떻게 표현했을까요? 아야설
이나 영차영차설 역시 신통한 이론이 아니기는 마찬가지입니다.

이 이론들의 이름을 들으면 처음에는 아주 재미있다고 생각됩니

다. 그렇지만 이 이론들을 가지고서는 그리 멀리 나아가지 못합니다. 인간이 사용하는 낱말들에는 참으로 독특한 점이 있기 때문이지요. 즉, 그것들은 그것들이 의미하는 대상과는 아무런 관련이 없습니다.

인간은 특정 동물을 가리킬 때 '개'나 '고양이'라는 낱말로 부를 것임을 임의로 자유롭게 결정합니다. 또한 다른 언어권에서는 'dog'이나 'cat'이라고도 하고 'chien'

교육자였던 요하네스 코메니우스는 자신이 쓴 책에서 언어와 자연의 소리가 서로 깊은 관련이 있다고 주장했습니다.

이나 'chat'이라고 부르기도 합니다. 이런 경우에 낱말과 그 낱말이 속하는 언어 사이에는 아무런 관련성도 없고 반드시 그 낱말이어야만 하는 특별한 이유도 없습니다. 바로 그렇기 때문에 인간의 언어는 끝없이 많은 것을 나타낼 수 있지요.

:: 언어를 가져야 경쟁에서 이긴다

원시인들이 두 가지 단계를 뛰어넘었을 때(그러니까 개념을 만들어 내고 그 개념을 나타내는 단어, 즉 낱말을 만들어 낸 것을 의미함) 언어의 발전 속도는 엄청나게 빨라졌을 것입니다. 인간들이 서로 말을 주고받으며 함께 계획을 세우기 시작했을 때 그들은 갑자기 다른 생물체들에 비해 어마어마한 장점을 누리게 되었습니다. 물론 호랑이가 원시인보다 더 빠르고 더 강하지만, 그리고 더 크고 더 날카로운 이빨을 가졌지만, 다른 원시인들과 함께 어떻게 호랑이를 덫에 걸리게 하여 잡을 수 있을까를 고민하고 상의하는 인간이 호랑이보다 훨씬 월등합니다. 서로 말을 주고받게 되면서 인간은 호랑이뿐 아닌 그 어떤 맹수들보다도 월등해집니다.

약 20만 년 전, 마침내 '털 없는 원숭이'에서 인간이 진화되었을 때 그러한 장점은 특히나 중요했습니다. 원시인의 가장 중요한 유래지라고 알려져 있는 아프리카는 마침 기후의 변화가 시작되는 중이었습니다. 사바나(열대초원)가 생겨났고 키 큰 풀들이 우거진 넓은 평야가 나타났습니다. 그러한 곳에서 음식물과 사냥감을 구하기 위해 석기 시대 인간들은 넓은 지역을 통과하며 이동해야 했고, 그만큼 호랑이와 같은 무서운 맹수들을 만날 위험도 컸습니다.

이런 무서운 조건에서는 누구나 아무 말도 하지 않고 혼자서 살아남을 수가 없습니다. 반면에 서른 혹은 마흔 명의 원시인들이 함께 모여 식물의 뿌리를 캐는 일이나 사냥이나 맹수에 대항하는 방법에 대해 서로 대화를 나눈다면 다른 모든 생명체를 능가할 수 있게 됩니다.

생각한 바를 단어들로 정리할 수 있는 능력은 원시인들로 하여금 생각을 보다 발전시키는 데 도움을 주었습니다. 어쩌면 어느 날 우리의 욱 부인이 이렇게 중얼거렸을지도 모릅니다. "내가 고기를 굽지 않고 연기 속에 놓아둔다면, 고기가 훨씬 더 맛있을 텐데."(물론 욱 부인이 한국말을 했을 리는 없습니다. 욱 부인이 살았던 당시에 늘 쓰던 말을 사용했을 테니까요.) 그 생각을 발전시키기 위해 욱 부인은 고기나 연기의 그림을 눈앞에 그려 보거나 구체적인 장면을 상상할 필요가 없었습니다. 욱 부인은 그냥 그 사물이나 장면들을 나타내는 개념, 즉 낱말들을 줄줄이 이으며 머릿속에서 문장을 만들고 그 문장으로 생각을 하면 되었으니까요. 그런 식으로 조용히 중얼거리면서 욱 부인은 생각을 빨리빨리 발전시킬 수 있었습니다.

그리고 그런 생각은 어쩌면 욱 부인으로 하여금 고기에 연기를 쐬어 오랫동안 보관할 수 있는 훈연법을 개발하도록 했는지도 모릅니다. 우리는 욱씨네 가족에게 냉장고가 없었다는 사실을 잊어서는 안 됩니다. 욱 부인이 그런 좋은 아이디어를 내기 전까지 그들 씨족은 사냥이 성공한 직후에만 고기를 먹을 수 있었습니다.

욱 부인이 중얼대면서 훈제 고기의 아이디어를 고안해 낸 후 그녀의 씨족은 갑자기 또 하나의 장점을 가지게 되었습니다. 즉, 고기를 훈연해서 오래 보관할 수 있게 된 것입니다. 따라서 욱 씨족 사람들은 사냥하기 나쁜 시절에도 고기를 먹을 수 있었지요. 언어는 이제 매우 이로운 연장으로 판명이 났습니다. 그리고 언어는 그 자체로 다시금 언어의 급성장을 불러왔습니다. 바로 그렇게 해서 욱 씨족 사람들은 뇌에 영양을 공급하게 되었습니다. 원시인들이 제대로 말을 배우기 위해서 뇌가 어느 정도 크기를 갖추어야만 했음은 물론입니다.

:: 재잘재잘 수다를 떨지 않으면 언어의 발전은 없다

그 모든 것에도 불구하고 연구자들이 이구동성으로 일치하는 의견은 우리의 선조가 단순히 '사업상의' 말만을 주고받지는 않았을 것이란 점입니다. 원시인들이 사용한 최초의 문장들은 매머드를 때려눕히거나 저 멀리 수평선 끝자락에 보이는 섬으로 어떻게 이동할 것인가에 관한 문제만은 아니었을 게 분명하니까요.

오늘날 우리가 아침 식사를 하면서, 쉬는 시간 학교 운동장에서 혹은 미용실에 앉아서 끝없이 서로 수다를 떠는 것과 마찬가지로 원시인들 역시 아침부터 저녁 늦게까지 서로의 귀에 문장들을 지껄여댔을 것입니다. 리버풀의 로빈 던바 교수는 "애초에 인간은 수다를 떨기 위해 언어를 창조했다는 게 내 의견이에요!"라고까지 말했습니다. 언어 사용의 중요한 기능 중 하나는 인간 사회를 형성하는 사회적인 잡담을 만들어 내는 것이기 때문입니다. 그리고 태초의 언어 형태 역시 틀림없이 인간들로 하여금 동물의 집단생활보다 천 배는 더 복잡하고도 다양한 사회를 형성하도록 기여했을 것입니다. 바로 그것이 – 동물과 인간의 하고많은 공통점에도 불구하고 – 털 없는 원숭이와 털 있는 원숭이의 차이점입니다. 즉, 털 없는 원숭이는 말을 할 수 있고 복잡한 사회를 구성할 수 있지만 털 있는 원숭이는 그렇게 할 수 없으니까요.

동물도
말을 할 수 있을까?

모든 동물에게는 인간이 사용하는 것과 같은 언어의 결정적인 전제 조건이 결여되어 있다는 게 '침팬지 연구' 반대자들의 공통된 설명입니다.

02

●●● 나이 많은 이 숙녀의 이야기를 들어 보면 뭐 그렇게 흥분될 만큼 재미있지도 않습니다. 그녀에게 음식을 가져다주고 그녀의 살림을 돌봐 주는 조련사는 그녀의 지능지수(IQ)가 약 95라고 말합니다. 보통 인간들의 평균 지능지수 100을 약간 밑도는 셈이죠. 이 숙녀는 약 2,000개의 단어를 알고 있습니다. 거의 모든 언어의 기본 단어쯤 되는 양입니다. 하지만 글을 읽는 일에서는 훨씬 더 힘들어하는 편이에요. 그럼에도 불구하고 그녀는 탁월한 언어 천재로 손꼽힙니다. 코코라는 이름을 가진 이 숙녀는 바로 암컷 고릴라입니다.

코코를 돌보는 프란신 피터슨은 코코의 경우야말로 동물도 말을 할 수 있다는 것과 '서로 다른 종의 동물들 간 대화'가 가능함을 알려 주는 증거라고 생각합니다. 즉, 코코와는 어느 정도 이성적인 대화도 가능하다는 것입니다. 하지만 이 말이 누구나 이 원숭이 숙녀와 이야기를 나눌 수 있다거나, 누구나 원숭이의 말을 이해할 수 있다는 의미는 아닙니다.

1971년 7월 4일에 태어난 코코에게 조련사들은 즉시 기호언어인 아메슬란(Ameslan)을 가르쳤습니다. 아메슬란은 대부분의 미국 청각장애인들이 사용하는 수화입니다. 조련사들은 코코가 천천히, 그러나 꾸준히 점점 더 많은 단어를 익혀 나갔다고 보고합니다. 몇 년에 걸친 학습 후 마침내 코코는 자신이 말하고자 하는 내용이나 내면의 마음 상태를 모두 표현할 수 있었습니다. 프란신 피터슨은 심지어 코코가 새끼를 가지고 싶으며 새끼를 낳고 싶다고 말했다고 보고했습니다.

:: 야생의 원숭이 언어

원숭이들이 대화하는 대상은 그들에게 수화를 가르쳐 주었거나 대화 방법을 알려 준 인간들만이 아닙니다. 최근 몇 년간 연구자들은 자유로운 야생에서 생활하는 침팬지나 고릴라에게서 새로운 의사소통의 형식을 발견했습니다. 이른바 '유인원'이라고 불리는 원숭이들은 비명소리나 꽥꽥대는 소리, 흐느낌, 끽끽대는 소리 등을 내며 자신이 속한 무리에게 위험한 상황을 경고하거나 무엇인가에 주의를 끌도록 유인합니다.

또한 진화의 정도가 그리 높지 않다고 알려진(그러므로 유인원에 속하지 않는) 초록 게논 원숭이(긴꼬리원숭이류의 원숭이) 역시 다양한 소리를 지름으로써 동료 원숭이들에게 맹수가 나타났음을 알립니다. 이 소리는 여러 가지 의미에 따라 마치 단어같이 달라지는 외침들입니다. 게논 원숭이가 표범을 발견하면 그들은 개 짖는 것과 유사한 소리를 냅니다. 그 소리를 들은 다른 원숭이들은 재빨리 근처의 나무를 타고 올라가 위험으로부터 몸을 피하지요.

그와는 반대로 초록 게논 원숭이가 기침 같은 소리를 내면 동료들이 나무를 타고 올라가는 것이 아니라 풀숲에 몸을 숨깁니다. 독수리나 다른 맹조류가 나타났음을 경고하는 소리이기 때문입니다. 그러므로 기침 소리가 날 때 나무 위로 올라가는 것은 그다지 좋은 아이디어가 아니겠지요.

게논 원숭이들이 뱀을 발견할 경우엔 찍찍대는 소리를 냅니다. 그러면 다른 원숭이들은 뒷다리로 일어서거나 이 위험한 파충류의 주위에서 벗어납니다.

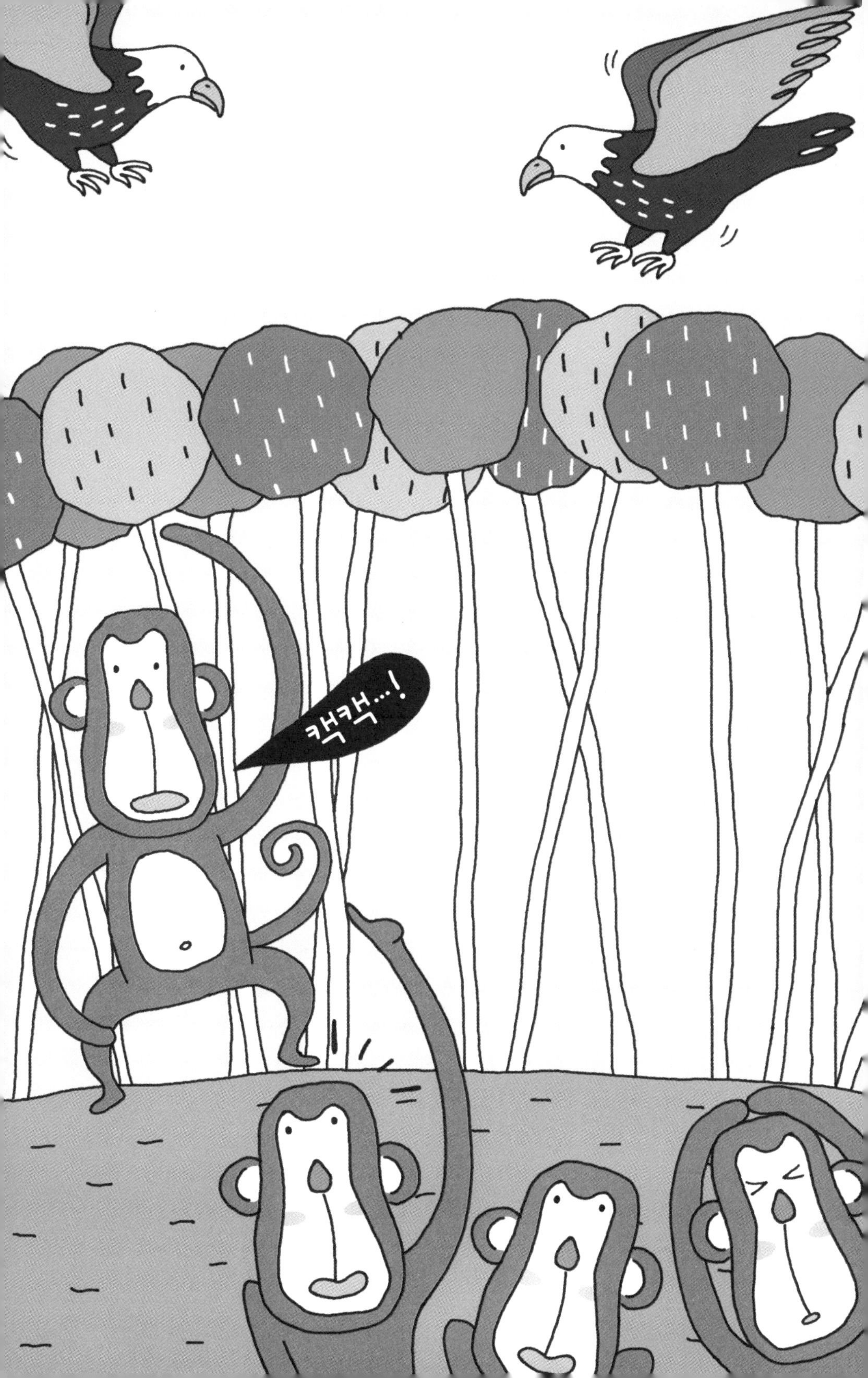
캬캬캬…!

원숭이만이 서로 대화를 나누는 능력을 가진 동물은 아닙니다. 코끼리는 그 유명한 트럼펫 소리를 낼 뿐만 아니라 인간이 들을 수 없을 정도로 아주 낮은 소리를 내기도 합니다. 그 소리로써 코끼리들은 아프리카나 아시아의 넓은 초원과 숲 속에서도 서로 연락을 취합니다. 그리고 그런 방법으로 코끼리 암컷들은 다시금 새끼를 밸 준비가 되어 있음을 알립니다.

고래 역시 고도로 세련된 다양한 소리를 낼 수 있습니다. '츳츳츳'과 같은 신음소리나 꽥꽥대는 소리부터 이른바 고래 노래에 이르기까지 다양합니다. 이 소리 중 어떤 것들은 다른 고래들과의 의사소통을 위한 것이 아니라 일종의 음향 탐지기입니다. 현재 그들이 어디에 있는지를 알아내고 어디에서 먹잇감이 나타날지를 가늠하기도 하니까요. 물론 그들의 노래는 많은 경우에 동료 고래와의 의사소통을 위한 것입니다. 하지만 아직까지도 이 '고래 언어'의 의미는 인간들에게 풀리지 않는 수수께끼로 남아 있습니다.

다른 수중 동물들 역시 '말 못하는 물고기'라는 서양 속담과는 달리 나름대로의 의사소통 방법을 가지고 있습니다. 아귀목이나 다기목 물고기 중의 몇몇 종류는 부레를 흔들거나 지느러미를 마찰해 소리를 냅니다. 그 소리를 냄으로써 물고기들은 이성의 관심을 끌거나 경쟁자를 물리치고자 합니다. 그중에서도 특히 눈길을 끄는 것은 태평양 청어의 소리입니다. 이 물고기는 의도적으로 가스를 방출하여 동료 물고기들과 정보를 교환합니다. 하지만 수중의 이러한 방귀가 무엇을 뜻하는지는 연구자들도 아직 밝혀 내지 못하고 있지요.

동물들의 대화를 관찰하기 위해 굳이 다른 대륙에 가거나 수중으로 들어갈 필요는 없습니다. 새들이야말로 지구상의 모든 영역에서 울림과 노래로써 서로서로 대화를 나누고 있거든요. 나이팅게일 같은 특별히 재주가 뛰어난 새는 200가지나 되는 다양한 '곡조'를 구사합니다. 게다가 새들의 노래에는 심지어 방언까지 있다고 알려져 있습니다. 프랑스의 까마귀는 폴란드의 까마귀와는 다른 식으로 깍깍거리지요.

어떤 새들은 다양한 표현법을 가지다 못해 심지어는 인간 언어의 일부 단어까지도 익힐 수 있을 정도입니다. 앵무새들은 여러 단어를 흉내 낼 뿐만 아니라 목적에 따라 사용하기까지 합니다. 회색 앵무새 알렉스는 미국 연구가 이레나 페퍼버그에게서 100개가 넘는 단어를 익혔습니다. 이러한 방법으로 이 새는 '바나나', '의자', '물', '파랑', '빨강'을 정확하게 명명할 수 있었습니다. 알렉스는 긴 훈련 끝에 간단한 질문에 대답을 했습니다. 아이스크림 막대기를 보며 나무로 만들었다는 것을 말할 수 있었죠. 또한 알렉스는 다음과 같이 명확하게 요구하는 것도 배웠습니다.

"Want nut(콩을 먹고 싶어요)!"

:: 꿀벌 마야와 빌리는 어떻게 말을 나눌까?

사람들이 평소에 미더워하지 않는 동물들 역시 정교한 대화 시스템을 가지고 있습니다. 곤충들은 매우 많은 신호를 발전시켜 서로 소통합니다. 반딧불은 불빛의 깜박임을 가지고 짝짓기 준비가 되었음을 알립니다. 개미들은 다양한 냄새로 신호를 보내 동료들에게 약 50가지의 정보를 알리지요. 예를 들어 음식물이 있는 장소를 알리기도 합니다. 벌들 역시 어느 곳에서 어떤 꿀을 딸 수 있는지 정확히 알려 줍니다.

'꿀벌 언어'의 발견은 1912년 생물학자들에게 회오리바람을 일으켰습니다. 자연 연구가 칼 폰 프리시가 꿀벌들이 놀라울 정도로 정교한 정보교환 시스템으로 서로 의사를 교환한다는 것을 증명해 낸 것입니다. 당시로서는 혁명적인 생각이었지만 프리시는 완벽하게 증명했습니다. 이른바 탐색벌이 좋은 먹이가 있는 장소를 발견하면 일종의 언어와 같은 체계로 동료 벌들에게 다음 두 가지 사실을 알립니다. 첫째는 그 장소로 날아가 꿀을 딸 만한 가치가 충분하다는 것이며, 둘째는 그 장소가 어디인지 알고 있다는 것입니다.

탐색벌은 만화 주인공인 꿀벌 마야나 빌리처럼 무조건 속닥대며 소식을 전하는 것이 아닙니다. 탐색벌은 동료 벌들에게 자신들이 발견한 꿀이나 꽃가루를 내보이며 다른 벌들이 우선 그 먹이의 질을 검토하고 평가하도록 합니다. 그러고 나면 탐색 암벌이 춤을 추기 시작합니다. 벌집으로부터 100미터도 떨어지지 않는 곳에 그 꿀이 있다면 암컷은 간단한 원무로 의사 전달을 마치지요. 그러나 비행 목적지가 100미터도 넘는 먼 곳이라면 ∞자 모양의 춤을 춥니다.

이 꿀벌의 '엉덩이춤'은 두 가지 중요한 정보를 포함하고 있습니다. 얼마나 빨리 춤을 추느냐에 따라서 다른 벌들은 꿀이 있는 곳까지의 거리를 알 수 있지요. 빠르면 빠를수록 목적지는 가까운 곳에 있는 것입니다. 춤의 방향은 먹이가 있는 장소의 상태를 말합니다. 춤과 수직 방향이 만들어 내는 각도는 먹이가 있는 장소와 태양과의 각도와 일치하기 때문이지요.

몇몇 연구자의 의견에 따르면, 꿀벌의 춤은 정보교환 시스템에서 진짜로 언어다운 '언어'가 될 수 있는 다음과 같은 여러 요건을 가지고 있다고 합니다.

- 꿀벌의 춤은 소식을 전달한다. 즉, 한 마리의 꿀벌이 다른 벌들에게 근처에 먹잇감이 있으니 모두 그곳으로 날아갈 이유가 충분하다는 것을 알리는 것이다.
- 꿀벌의 춤은 먼 곳에 있는 것과 관계하고 있다. 탐색을 담당하는 암벌은 벌집에 꽃가루 한 보따리를 가지고 들어와 동료들로 하여금 즉석에서 저장하게 하는 것이 아니라, 멀리 100미터, 1,000미터 혹은 2,000미터나 떨어진 곳에 좋은 꽃가루가 다량

으로 있다는 것을 알려 준다.

- 꿀벌의 춤은 기호 체계로 이루어져 있다. 벌들은 동료들의 다리를 잡아당기거나 그들이 날아가야 하는 방향으로 엉덩이를 찌르며 길을 가리켜 주는 것이 아니라 춤의 방식과 형태를 통해 방향과 거리를 알려 준다.

:: 제한적인 언어

그러나 꿀벌의 의사소통과 인간의 언어에는 많은 차이점이 있습니다. 꿀벌의 의사소통은 아주 중요한 몇 가지 정보만을 전달할 뿐입니다. 예를 들어 탐색 암벌은 "난 우리 꿀을 훔치려는 곰을 봤어. 모두 빨리 밖으로 날아가서 곰의 콧잔등을 쏘아 주자!"와 같은 정보는 전달하지 못합니다. 벌들에게는 그러한 정보를 전달하기 위한 단어가 없기 때문입니다.

다른 동물의 정보 전달 체계도 마찬가지입니다. 모두 매우 제한적이죠. 새들의 다양한 노래도 아주 단순한 기능만을 수행합니다. 그들의 영역으로 경쟁자가 침범하지 못하도록 노래를 부르는 것입니다. 그리고 수컷의 노래는 암컷에게 "난 세상에서 제일 훌륭한 새고 가장 잘생긴 새이며 가장 우수한 새입니다. 나와 짝을 지어 가족을 이룹시다."라는 뜻을 담고 있습니다. 새들의 노래는 그 이상의 내용을 담고 있지 않습니다.

미국의 언어학자 마이클 코발리스는 "새들은 자신들만의 독특한 노래를 부르는데 그 이유는 인간 세상에서 국가들이 깃발을 나부끼며 애국가를 연주하는 이유와 거의 같다."라고 말합니다. 그러나 깃발을 높이 내걸고 나부끼는 것에 대해 언어라고 부르지는 않습니다.

:: 동물에게는 '무엇에 대해 이야기해 보자!'와 같은 언어는 없다

생물학자들이 감탄해 마지않을 정도로 다양한 외침을 사용하는 초록 게논 원숭이들 역시 마찬가지입니다. 이 원숭이들은 여러 가지 '단어'를 사용해 다양한 위험을 알리고 동료들로 하여금 각각의 상황에 맞게 대처하도록 인도할 수 있지만 한 가지 행동만은 하지 못합니다. 즉, 표범이나 독수리나 뱀이 없을 때 이들에 대해서 '이야기를 나누지는' 못하는 것이죠.

어떤 초록 게논 원숭이도 언젠가 해가 질 무렵에 본 '표범'을 기억해 냈다고 해서 다시 해가 질 무렵에 "표범!"이라고 외치지는 않습니다. 그리고 게논 원숭이가 '표범'을 그런 식으로 입에 담지 않는 것이 오히려 그들에게는 좋은 일이기도 합니다. 왜냐하면 한 원숭이가 그렇게 외치는 순간 다른 원숭이들이 놀라 너도나도 도망

치려 할 것이기 때문입니다. 그들의 뇌에는 "표범이라는 단어를 들으면 무조건 즉시 나무를 타고 기어 올라갈 것!"이라는 프로그램이 들어 있습니다. 이는 잔칫집에서 누군가 담배에 붙이기 위해 불을 달라고 하는데 그곳에 있던 손님들이 '불'이라는 말을 듣자마자 겁을 내며 우르르 달아나려 하는 상황과 비교할 수 있을 것입니다.

:: '무엇에 대해 이야기를 하는' 동물이 있기는 하다?

그러나 1960년대 말부터 일련의 연구자들이 동물들 역시 인간과 거의 흡사한 언어생활을 할 수 있다고 주장해 왔습니다. 1960년대 초는 주로 미국에서 학자들이 원숭이들과 대화를 나누기 위해 그들에게 기호로 된 언어를 가르치려고 노력하던 시기였습니다.

그렇게 해서 와쇼라는 이름의 암컷 침팬지 원숭이가 미국 수화의 기호 중에서 약 130개의 기호를 배웠다는 조련사들의 보고가 있었습니다. 조련사들은 와쇼가 작은 인형과 물 잔을 내보이며 "내 음료수에 새끼가 들어 있다."와 같은 문장들을 말했다고 주장했습니다. 예전에 아무도 와쇼에게 그와 똑같은 문장을 말해 주거나 보여 준 적이 없기 때문에 조련사들은 분명히 와쇼가 혼자 창조적으로 그 문장을 만들었다는 결론을 내린 거지요. 즉, 와쇼는 그 문장을 누군가에게서 듣고 단순히 모방한 것이 아니었습

니다. 와쇼를 훈련시켰던 베아트리체 가드너와 알렌 가드너 부부
는 이것이야말로 와쇼가 가진 진짜 언어적인 이해력이라고 주장
했습니다.

　보노보 침팬지인 켄지는 다른 방식의 훈련을 받았습니다. 이
침팬지의 조련사는 총 256개의 다양한 추상적인 기호를 가르쳤
습니다. 이 기호들은 큰 글자판에 나열되어 있었습니다. 켄지는
무엇인가를 말하고자 할 때마다 그 판 위에서 자신이 말하는 바를
나타내는 기호를 찾아 짚었고 손으로 제스처를 보이기도 했습니
다. 조련사 수 새비지 럼보는 결국에는 켄지가 음성을 내며 말을
하려고 했다고 주장했습니다. 켄지의 입에서 나온 '엔', '리-나
프', '와이', '은'과 같은 소리는 서로 다른 뜻을 가진 단어였다는
것입니다.

　새비지 럼보는 켄지가 다른 사람들의 말을 알아들을 수 있다고
확신합니다. 물론 영어로 된 문장들이었습니다. 켄지가 말을 알아
듣는다는 사실에 대해서는 명백한 증거가 있다고 합니다. 새비지
럼보가 언젠가 켄지를 데리고 또 다른 원숭이 오스틴을 보러 간 적
이 있었습니다. 오스틴은 그때 마침 비스킷을 받아먹으려는 중이
었습니다. 켄지는 평소에 즐겨 가지고 놀던 괴물 가면을 가지고 있
었습니다. 켄지도 그 비스킷을 먹고 싶어 했습니다. 그래서 조련사
가 켄지에게 말했습니다.

　"켄지야. 네가 괴물 가면을 오스틴에게 주면 내가 너한테 오스

틴의 비스킷을 줄게."

그러자 놀라운 일이 일어났습니다. 켄지가 즉시 가면을 집어 들어 오스틴에게 주며, 손가락으로 비스킷을 가리킨 것입니다. 켄지가 조련사의 말을 이해한 것이지요.

이 외에도 새비지 럼보는 보노보 침팬지의 많은 실제적인 증거, 혹은 추정 가능한 증거를 들어 보였습니다. 한번은 그녀가 동물 사육사와 함께 누군가 원숭이 우리에 불을 켜 놓았다고 이야기했습니다. 그러자 그 방에 함께 있었던 켄지가 전깃불 스위치를 쳐다보았습니다. 새비지 럼보는 이것이 원숭이가 인간들이 생각하는 것보다도 더 많은 말을 알아듣는 증거라고 주장했습니다. 이 여성 연구자는 켄지라는 침팬지에게서 "대화에 귀를 기울이는 데 엄청나리만치 높은 능력을" 보았다고 전합니다.

:: 침팬지에 관한 연구가 과장일까?

말하는 원숭이 중에서도 일등 학생은—적어도 조련사들의 눈에 비치는 대로라면—고릴라 숙녀 코코였습니다. 조련사 프란신 피터슨에 따르면 코코는 미국 수화 언어 중에서 2,000개의 단어를 구사할 뿐만 아니라 나중에는 알파벳도 배우기 시작했으며 인쇄된 글자까지도 읽었으니까요. 게다가 코코는 자신이 혹은 남이 한 농담을 듣고 웃는다고 합니다.

그러나 다른 연구자들은 코코가 언어를 구사한다는 실제적인, 혹은 추정 가능한 증거를 인정하지 않고 또 크게 신뢰하지도 않습니다. 코코가 수화로 말하는 방식은 다른 사람들이 알아듣기 몹시 힘들거나 아예 이해할 수가 없기 때문이지요. 언제나 코코의 조련사가 '번역' 해 주어야만 했습니다.

그래서 코코의 언어 구사 능력을 믿지 않는 연구자들은 나이 많은 침팬지 원숭이 숙녀 와쇼의 경우와 똑같은 의견을 내놓았습니다. 코코의 조련사는 동물의 모든 움직임을 다 제스처로 보았다고, 즉 원숭이의 단순한 움직임까지도 모두 언어적인 의사 표시라고 보았다는 비판을 받은 것이죠. 농아들을 위한 수화에 능숙한 한 비평가는 아무리 대화하려고 노력해도 와쇼를 이해할 수 없자 다음과 같이 조련사에 대한 불만을 토로했습니다. "침팬지가 손가락을 입에 가져갈 때마다 그녀가 끼어들어 '오, 뭘 마시고 싶다네요.' 하고 말했습니다."

고릴라 숙녀 코코의 경우, 조련사는 어떤 경우에도 이 원숭이 친구의 천재성을 의심하지 않을 것임이 분명합니다. 프란신 피터슨은 다른 이들이 자식을 지나치게 소중하게 키우듯 자신 역시 이 고릴라를 과잉보호하고 있다는 것을 솔직하게 인정했습니다. 가령 고릴라 숙녀는 서른 번째 생일을 맞은 날 분홍색과 파란색의 접시에 담긴 사과 파이를 받았습니다. 생일 케이크 옆에는 두부 버거가 차려져 있었습니다. 이 고릴라 엄마 피터슨은 생일 메뉴에 관해 이렇게 기록했습니다.

"내 이웃들이 그들의 아이가 네 살이 되면 흔히 차려 주는 생일상과 크게 다르지 않았다."

이처럼 사랑을 쏟는 경우라면 프란신 피터슨이 코코의 능력에 대해서 학문적이면서도 객관적인 거리감을 유지하기는 참으로 어려울 것입니다.

예전에 코코를 돌보았던 두 명의 조련사가 코코의 일로 소송을 제기했을 때 코코는 이제 결정적으로 많은 학자의 조롱거리가 되었습니다. 피터슨이 이 두 여자 조련사로 하여금 고릴라 앞에서 억지로 젖가슴을 드러내라고 종용했다는 게 재판의 이유였습니다. 왜냐하면 코코가 인간의 젖꼭지 보는 것을 좋아하기 때문이었지요. 이 일로 매우 화가 난 여자 조련사들이 100만 달러나 되는 배상금을 요구하며 소송을 걸었던 것입니다.

수 새비지 럼보와 그녀의 보노보 침팬지 켄지 역시 전문가들에게는 부정적인 비판의 대상이었습니다. 새비지 럼보는 늘 '침팬지 학자'라는 조롱을 받았습니다. 권위 있는 연구 잡지들은 그녀의 논문을 실어 주지 않았는데, "지나치게 감정에 빠져 과잉평가를 내리고 있다."라는 것이 거절의 이유였습니다.

많은 학자가 '침팬지 연구'의 결과에서 한 가지 큰 문제점을 발견했습니다. 고릴라와 침팬지가 진짜로 문법을 이해하고 있다는 뚜렷한 증거가 없다는 것입니다. 낱말을 여러 가지 문장성분(주어, 목적어, 수식어 등)으로 변형하며 사용하거나 순서나 나열을 바꾸면서 완전히 다른 뜻을 가진 문장을 만들어 내는(예: 아버지의 음악, 음악의 아버지) 가능성은 인간의 언어만이 가진 매우 중요한 특성입니다. 와쇼나 켄지나 코코를 돌보았던 조련사들은 그들의 원숭이들이 문법을 충분히 이해하고 있다고 강조하지만 비판자들은 그들이 제시한 근거가 전혀 타당하지 못하다고 평가합니다.

미국의 연구자 허버트 테라스는 오랜 시간에 걸쳐 '님'이란 이름을 가진 침팬지에게 기호언어를 가르치려고 시도하다가 결국은 냉정한 결론을 내려야 했습니다.[7] 님은 '주다, 오렌지, 나에게, 먹다, 오렌지, 나에게, 먹다, 오렌지, 주다, 나에게, 먹다, 오렌지, 주다, 나에게, 너'라는 기호를 제시했지만 문법과는 별 관계가 없다는 것이 그의 의견이었습니다.

모든 동물에게는 인간이 사용하는 것과 같은 언어의 결정적인

---

7) 미국 매사추세츠 공과대학(MIT)의 언어학자 노암 촘스키는 "말이란 사람에게만 있다."고 결론 내렸는데, 테라스는 촘스키의 주장이 일부 틀렸다며 '님 침스키'란 침팬지가 신호를 통해 의사를 표현했다고 주장했습니다. 침스키는 신호로 의사를 전달하고, 함께 일할수록 더 많은 신호를 익힌다고 보고했습니다. 그러나 후에 그는 "침팬지는 사람처럼 문법을 사용해 생각을 표현할 수 없다."라고 결론지었습니다.

전제 조건이 결여되어 있다는 게 '침팬지 연구' 반대자들의 공통된 설명입니다. 언어를 의미 있고 창조적으로 사용하려면 대화를 나누는 상대방의 입장이 되어 보는 능력이 있어야 합니다. 그러므로 인간의 언어와 같은 수준으로 성공적인 대화를 진행하기 위한 결정적인 요소는 결국 '내가 아는 것을 네가 안다는 것을 나는 안다.'이지요. 즉, 말을 하는 도중에 상대방의 반응까지도 예상할 수 있어야 하며, 상대방이 내 말을 이해할 것임을, 또 상대방 역시 내가 상대방의 말을 이해하고 있음을 안다는 무언의 선지식이 전제되어야만 대화를 나눌 수 있는 것입니다. 하지만 원숭이나 동물들은 상대방이 내 말과 내가 하는 말의 내용을 알고 있음을 인식하는 능력이 없습니다.

라이프치히의 막스플랑크연구소 진화인류학 센터 연구원 브라이언 하레는 고릴라를 조련했던 프란신 피터슨이 말한 것처럼 '서로 다른 종 사이의 대화'가 가능할 것이라는 큰 기대는 처음부터 하지 않는 게 좋다고 충고합니다. "적어도 상대방이 이미 무엇을 아는지 아닌지를 내가 아주 대략이라도 알지 못하는 상태에서는 그 어떤 대화도 성공할 수가 없다."라는 것이지요.

그러므로 동물의 말을 알아듣는 두리틀 박사(『우르멜의 신나는 모험 이야기』라는 책에 나오는 인물)나 아기공룡 우르멜에게 말을 가르치는 하바쿡 티바통 교수는 앞으로도 영원히 판타지 속의 인물로만 남을 것입니다.

원시 시대의 언어는 어땠을까?

존스 경은 고대 인도어인 산스크리트어와 라틴어와 그리스어가 매우 많은 유사점을 지닌 것으로 보아 모두 "공통된 원천에서 유래했을 것이 틀림없다."라는 진단을 내렸습니다.

03

　　• • • **1786년** 2월 2일, 벵골아시아협회의 회
원들에게는 동료 윌리엄 존스 경[8]이 다시 한 번 복잡한 문제에 관
해 연설을 시작하는 것이 지극히 자연스러운 일이었습니다. 존스
는 매우 똑똑하고 학식이 높은 사람이었습니다. 13개 국어에 능통
했으며, 그 외에도 28개 언어에 대한 지식을 가지고 있었습니다.
22세 때는 페르시아어로 된 두꺼운 문서를 프랑스어로 번역했습니
다. 그것도 영국인의 몸으로!

　　존스는 원래 당시 인도의 수도 캘커타에서 최고고등법원 판사로

---

8) Sir William Jones(1746~1794) : 영국의 역사비교언어학자. 식민지 인도에 파견된 판사로 산스크리트어 등
　에 관심을 가지고 연구했습니다. 1786년 산스크리트어와 유럽의 제 언어들이 공통의 조상 언어에서 갈라져
　나온 것이라고 주장함으로써 인도유럽어라는 어족을 확립하면서 역사비교언어학의 새 장을 열었습니다.

일했습니다. 하지만 그가 제일 열심히 알아내고 싶었던 것은 인간이 어떻게 자신의 생각을 표현하는가 하는 문제였습니다. 벵골 아시아협회 창립 3주년째 되는 날 그는 각 언어들 간의 유사점들에 관해 연설합니다. 당시에 그는 예상하지 못했겠지만 그 발표는 언어학의 새로운 장을 여는 계기가 되었지요.

나중에 드러난 바와 같이 윌리엄 존스 경의 발표는 실로 획기적인 전기를 마련합니다. 그날의 발표에서 그와 동시대에 살았던 학자들뿐만 아니라 후대의 언어학자들까지도 모두가 중요한 힌트를 얻었기 때문입니다. 즉, 언어의 기원을 알기 위해서 어느 방향으로 연구해야 할지 알게 된 것입니다. 존스 경은 고대 인도어인 산스크리트어와 라틴어와 그리스어가 매우 많은 유사점을 지닌 것으로 보아 모두 "공통된 원천에서 유래했을 것이 틀림없다."라는 진단을 내렸습니다. 그에 덧붙여 켈트어와 고트어 역시 고대 인도어와 같은 어족임을 보충 설명했습니다.

:: 혁명적 인식

18세기 후반에 그러한 진단을 내렸다는 것은 가히 혁명적이라 할 수 있습니다. 영어와 독일어가 많은 유사점을 지녔다는 사실은 학자들 간에 이미 잘 알려진 사실입니다. 이탈리아어와 스페인어 역시 많은 유사점을 가진 것으로 알려졌습니다. 하지만 그럼에도 불구하고 언어학자들은 그 유사점들을 제대로 정리할 수 없었지요. 그들은 서로 잘 맞지 않는 퍼즐 조각 앞에 서 있는 듯했습니다.

그때까지만 해도 학자들의 머릿속에 떠돌아다니는 한 가지 생각이 있었습니다. 원래는 성경에서 유래했고 기독교 교회에 널리 전파되던 생각이었습니다. 즉, 신이 인류를 창조할 당시에는 언어의 장벽은 존재하지 않았다는 구절이었습니다. 구약성서 창세기 편에는 "온 세상이 같은 말을 하고 같은 낱말들을 쓰고 있었다."라는 구절이 나옵니다. 그리고 나중에 인간들이 '하늘까지 닿는' 탑을 세우려고 하자 하느님이 진노했다는 것입니다. 왜냐하면 하늘나라는 하느님과 천사들만 살도록 예약된 곳이기 때문입니다. 그리하여 조물주는 '바벨탑'의 설립을 막기 위해 인간들에게 벌을 내렸습니다. "자, 우리가 내려가서 그들의 말을 뒤섞어 놓아, 서로 남의 말을 알아듣지 못하게 만들어 버리자!" 성경에 따르면 그 일로 인해 탑 설립이 중단되었지요. 인간들이 서로의 말을 더 이상 알아듣지 못하게 되었으니까요.

하지만 성경에 전래된 이야기는 신앙심을 가진 언어학자들에게 어려운 과제를 안겨 주었습니다. 왜냐하면 신이 단 하나의 언어로부터 여남은 개의 언어를 만들고 몇 백 년이 흐르는 동안 다시 그것들로부터 다른 언어들이 파생되며 그것들이 또 계속해서 변형되어 나중에는 전혀 다른 언어가 되었다는 말이 성서에 언급되어 있

피터 브뤼겔의 회화 '바벨탑'(1563). 성경에 따르면 인간들의 오만함 때문에 너무도 노한 신이 인간들에게 벌을 내립니다. 그 벌로 아무도 더 이상 다른 사람의 말을 알아듣지 못하게 되었다는 것입니다.

는 것은 아니기 때문입니다. 그렇게 파생되고 발전된 언어들은 결국에 오늘날 우리가 보는 바와 같이 수백, 수천 개의 언어로 변형되었습니다. 성경에 나온 대로라면 세상의 그 모든 언어들은 한날 한시에 탄생했어야 합니다. 그러므로 라틴어나 이탈리아어 역시 동시에 생겨났어야 마땅하지요. 하지만 이탈리아어는 라틴어로부터 발전된 언어입니다.

바로 그 때문에 윌리엄 존스 경의 아이디어가 혁명적이라고 불리는 것입니다. 그는 더 이상 성경에 나온 이야기에 신경을 쓰지 않고 새로운 생각을 해냈습니다. 즉, 어족이라는 것이 존재하며

표 1_ 다양한 언어에서 나타나는 '아버지(father)'라는 뜻의 낱말

산스크리트어	고대 그리스어	라틴어	고대 아일랜드어	고트어
piter	patér	pater	athir	fadar

그 안에서 선대의 한 언어로부터 후대의 여러 언어가 파생되었다고 주장한 것입니다. 위의 도표처럼 다양한 언어 속에서 '아버지'라는 낱말을 살펴보면 그 언어들이 공통의 기원 언어를 가진다는 것을 알 수 있습니다.

| 인간을 대상으로 한 잔인한 실험 |

오랫동안 사람들은 신이 애초에 인간에게 어떤 언어를 주었는지 알아내기 위해 애썼습니다. 그 해답을 얻기 위해 가끔은 극단적인 방법이 동원되기도 했지요. 호엔슈타우펜의 황제 프리드리히 2세에 대해 전해져 내려오는 이야기에 의하면 그는 중세 때 아무와도 말을 나누지 못하게 한 상태에서 아이들을 키웠다고 합니다. 그 실험을 통해서 프리드리히는 아이들이 제일 먼저 히브리어로 말을 시작할 것이라는 자신의 추측을 확인하려고 했습니다. 성스러운 나라라고 간주되었던 이스라엘의 언어가 히브리어였기 때문이죠. 사람들의 증언에 따르면 황제는 만일 히브리어가 아니라면 라틴어나 그리스어나 아랍어일지도 모른다고 생각했습니다. 하지만 그 아이들은 모두 죽었습니다.

그보다 훨씬 이전 시대에 이집트의 파라오도 그와 비슷한 실험을 한 적이 있었습니다. 스코틀랜드의 야콥 4세 역시 16세기에 한 농아 여인이 낳은 어린아이들을 작은 섬에 가두어 키우도록 했다는 이야기가 전해집니다.

여러 나라의 많은 학자가 존스 경의 아이디어를 받아들였습니다. 예를 들어 독일에서는 야콥 그림이 독일어와 영어를 연결하였고, 그 외의 다른 언어들을 연결해 주는 언어의 친족 관계를 연구했습니다. 오늘날 야콥 그림은 형제인 빌헬름 그림과 함께 수집한 동화로 더 널리 유명합니다. 그러나 그는 당대의 가장 촉망받는 언어학자이기도 했습니다. 그는 같은 어족의 언어들 간에 명확한 법칙이 있다는 것을 발견했습니다.

그리하여 1822년 그림은 매우 오래된 단계의 언어에서 맨 처음 음가가 'p'였던 단어가 게르만어에 와서는 대개 'f'로 발음되었다는 사실을 최초로 밝혀냈습니다. 라틴어에서는 'pater'였지만 고대 고트어에서는 'fadar'였습니다. 그렇게 해서 오늘날 영어에서는 'father'가 되었고 독일어에서는 'Vater'가 되었습니다. 같은 현상을 다른 여러 언어에서도 똑같이 관찰할 수 있습니다.

표2_ 'p'의 음가 변화

라틴어	pater(아버지)	pes(발)	piscis(물고기)
영어	father	foot	fish
독일어	Vater	Fuß	Fisch

다양한 언어 간의 발음이 대개는 일정한 규칙을 가지고 변화한다는 것을 알게 된 것입니다. 그래서 19세기부터 그것들을 '법칙'이라고 부르게 되었습니다. 그중에 '그림의 법칙'이 있습니다. 이 법칙은 독일어와 영어 같은 게르만어족의 언어들과 그 언어 초기 형태와의 관계를 설명해 줍니다.

하지만 다른 언어에서도 이 법칙은 적용될 수 있습니다. 그리하여 스페인어 'bueno(좋다, 좋은)'와 이탈리아어 'buono'는 똑같이 라틴어의 'bonum'에서 유래합니다. 스페인어에서는 '-o-'가 '-ue-'로 변한 것이고, 이탈리아어에서는 '-uo-'가 된 것이죠. 이러한 변천 과정은 다른 단어들에서도 흔히 찾아볼 수 있습니다.

표 3_ 'o'의 음가 변화

라틴어	bonum(좋은, 좋다)	rota(바퀴)	focus(화덕)
스페인어	bueno	rueda	fuego
이탈리아어	buono	ruota	fuoco

:: 이미 사라지고 없는 언어의 발자취

19세기와 20세기에 들어서 언어학자들이 점점 더 발전시킨 이러한 법칙들을 가지고 그들은 게르만어에서 어떻게 독일어나 영어나 덴마크어가 파생되고 발전했는지를 추정할 수 있었습니다. 또한 어떻게 라틴어로부터 스페인어나 이탈리아어, 프랑스어가 갈라졌는지도 알 수 있었지요. 그렇게 그어진 선들을 보면 과거의 모습을 한층 더 깊이 알 수 있게 되었습니다. 이로 인해 언어학자들은 1786년에 윌리엄 존스 경이 언급했던 '게르만어의 기원'에 한 걸음 한 걸음 다가갈 수 있었습니다. 독일에서는 이 '원시언어'를 인도게르만어라고 불렀습니다. 오늘날에는 인도유럽어라는 명칭도 사용되고 있지요. 140여 개가 넘는 유럽과 아시아의 언어 모두 이

원시언어에서 파생되어 나왔습니다.

오늘날 대개의 연구자들은 이 원시언어가 약 6,000년 전에 사용되었을 거라는 의견에 찬성하고 있습니다. 하지만 이 언어를 사용했던 민족이 정확히 어느 곳에 살았는지에 대해서는 의견이 분분합니다. 인도유럽어를 사용했던 사람들이 지금의 러시아 사이로 이동했을 것이라는 단서가 있습니다. 하지만 몇몇 연구자는 인도유럽어족의 중심 근거지가 지금의 터키라고 믿습니다.

학자들은 이 인도유럽어가 정확히 어떤 모습이었는지 완전히 다 알아내지 못했습니다. 문자언어로 전래되는 자료가 없기 때문입니다. 하지만 언어 연구자들은 발음 변화 법칙을 가지고 1,000개가 넘는 단어들을 재구성해 냈습니다. 아무도 그 단어가 실제로 재구성된 단어 그대로 발음되었는지 확신할 수 없기 때문에 그 단어들 옆에는 반드시 별표(*)를 표시하기로 정했지요. 연구자들은 Vater(독일어), father(영어), padre(스페인어, 이탈리아어), père(프랑스어), pai(포르투갈어)와 같은 현대 서양 언어의 단어들이 인도유럽어에서 파생되었으리라는 것과 그것이 대략 *pötér로 발음되었을 것으로 확신하고 있습니다.

'물'이라는 뜻의 단어 Wasser(독일어), water(영어), hydor(고대 그리스어)는 모두 *yotor에 그 기원을 두고 있습니다. 그런가 하면 '바퀴'라는 뜻의 단어 rátha(고대 인도어), rueda(스페인어), ruota(이탈리아어)는 모두 *rotho에서 파생되었습니다.

독일의 언어학자 아우구스트 슐라이허는 1868년에 짧은 이야기 한 편을 인도
유럽어로 번역합니다. 그 내용은 다음과 같습니다.

더 이상 내줄 털이 없는 벌거숭이 양이 말을 보았다. 수레에 무거운 짐을 잔
뜩 싣고 인간 한 명을 태우고 지나가는 말들이었다. 양이 말했다. "인간이 저
토록 말을 부려먹는 것을 보니 내 가슴이 아프도다!" 말들이 말했다. "양아,
우리 말을 좀 들어 보아라. 우리도 가슴이 아파진단다. 인간이 양의 털을 깎아
따뜻한 옷을 지어 입고는 양은 털이 없어 추위에 떠는 것을 보면 우리 역시
가슴이 아파 온단다." 이 모든 말을 들은 양이 들판을 향했다.

6,000년 전에 이 우화는 다음과 같이 기록되었을 것이라고 합니다.

*Avis, jasmin varnâ na â ast, dadarka akvams, tam, vâgham garum
vaghantam, tam, bhâram magham, tam, manum âku bharantam. avis
akvabhjams â vavakat: kard aghnutai mai vidvanti manum akvams agantam.
akvâsas â vavakant: krudhi avai, kard aghnutai vidant-svas: manus þatis
varnâm avisâms karnauti svabhjam gharmam vastram avibhjams ka varnâ na
asti. tat kukruvants avis agram â bhugat.*

하지만 학자들은 선구자 아우구스트 슐라이허가 많은 점에서 실수를 했다는
것을 알아냈습니다. 무엇보다도 인도유럽어의 문법과 정확한 발음을 표기하는
데 있어서 실수를 했다는 것입니다. 그로부터 100년 뒤, 1979년에 언어학자
빈프리드 레만과 라디슬라브 주스타가 양과 말의 우화를 인도유럽어로 다음과
같이 정정했습니다.

[Gwarei] owis, kwesyo wlhna ne est, ekwons espeket, oinom ghe gwrum

woghom weghontm, oinomkwe megam bhorom, oinomkwe ghmenm oku bherontm. Owis nu ekwobh(y)os ewewkwet: Ker aghnutoi moi ekwons agontm nerm widntei. Ekwos tu ewewkwont: Kludhi, owei, ker aghnutoi nsmei widntbh(y)os: ner, potis, owiomr wlhnam sebhi gwhermom westrom kwrneuti. Neghi owiom wlhna esti. Tod kekluwos owis agrom ebhuget.

:: 점점 더 과거로 돌아가는 연구

그러므로 언어학에서는 유럽어와 인도어로부터 약 6,000년 전에 사용되었던 두 언어의 공통 원시언어를 어느 정도 추정할 수 있다는 학설이 널리 알려졌지요. 그러나 학자 중 몇몇은 같은 논리에서 출발하여 한 발자국 더 나아가는 연구 결과를 발표합니다. 예를 들어 러시아 출신의 언어역사가 아아론 돌고폴스키는 지금부터 1만 2,000년 전에 인도게르만어보다도 앞선 기원 언어가 있었을 거라고 주장했습니다. 학자들이 '노스트라트어'라고 부르는 이 언어는 다섯 개의 다른 언어의 옛 형태까지도 모두 포함하는 원시언어라고 합니다.

· 드라비다어족의 언어: 주로 남인도에서 사용하는 말.

- 우랄어족의 언어: (예를 들면 핀란드어와 헝가리어).
- 알타이어족의 언어: (예를 들면 터키어, 몽골어, 한국어).
- 남카프카스어족의 언어: 남카프카스에서 사용하는 언어(예를 들면 그루지야어).
- 아프리카아시아어족의 언어: (예를 들면 아랍어).

노스트라트어를 연구하는 학자들은 독일어 'Wasser'나 영어 'water', 러시아어 'wod'의 기원은 인도유럽어 *yotor로 거슬러 올라가는 것으로 그치지 않는다고 주장합니다. 오히려 그보다 훨씬 앞선 시대의 뿌리가 또 있다는 것입니다. 그들의 의견에 따르면 1만 2,000~1만 5,000년 전에 살았던 사람들은 '물'을 말할 때 wete라고 말했다고 합니다. 이 이론의 추종자들은 노스트라트어를 완전히 재구성할 수도 있다고 확신했습니다.

또 다른 몇몇 학자는 공통점과 발음의 변화 법칙을 따라 더욱 더 오래전 시간으로 눈길을 돌렸습니다. 그리하여 미국의 언어학자 메리트 룰런은 마침내 지구상에 있는 몇 백 개나 되는 모든 언어로부터 일종의 '원시세계어'를 뽑아 낼 수 있다고 주장했지요. 처음엔 매우 다른 것처럼 보일지라도 사실은 모든 대륙의 언어로부터 공통점을 가려낼 수 있다는 게 룰런의 의견입니다.

메리트 룰런은 더 나아가서 그러한 공통점을 통해 10만 년 전 석기 시대에 살았던 원시인들의 최초 언어까지도 추정할 수 있다고 주장합니다. 그는 태초의 인간들이 '하나'를 나타낼 때 '틱'이라고 말했다고 확신했습니다. 그리고 원시인들이 '하나'라는 것을 가리키고 싶을 때는 집게손가락(검지)을 위로 향해 들어 보였다고 생각합니다. 그는 이 원시단어가 전 세계의 언어에 다음(표 4)과 같이 흔적을 남겼다고 주장합니다.

그럼에도도 불구하고 많은 언어학자가 이러한 방법에 문제를 제기합니다. 객관적인 지식에 따르면 6,000년이 넘는 언어에 대한 모

표 4_ 메리트 룰런이 주장한 원시단어의 뜻과 흔적

언어	단어	단어의 뜻
인도유럽어	*deik	가리키다. 독일어의 zeigen, 라틴어 digitus(손가락), 프랑스어에는 doigt가 똑같은 기원을 가지는 것으로 보인다.
일본어	te	손
에스키모어	tiq	집게손가락
터키어	tek	각각 따로따로
야구아(남미 원주민 부족의 언어)	teki	하나
고대 중국어	t'iek	각각 따로따로, 하나
원시세계어	*tik	하나

든 재구성은 근거 없는 상상일 뿐이라는 것입니다. 그래서 대부분의 언어학자는 원시언어를 생각해 냈다는 주장에 대해서 언제나 어깨를 한번 들어 올리는 식으로만 반응하지요. "그럴 수도 있겠지요. 물론 안 그럴 수도 있고요."라고요.

:: 한국어의 기원

그럼 한국어는 어떤 언어들과 유사할까요? 김병모(1994:102) 교수가 클리프링거의 논문에서 발췌한 자료를 봅시다.[9]

표 5_ 한국어와 드라비다어의 유사성

의미	한국어	드라비다어
쌀[稻]	ssal	sal, hal
벼[禾]	bye	biya
알[粒]	al	ari
씨[種]	ssi	bici
풀[草]	pul	pul

몇 개의 기본어휘가 같다는 사실이 우연의 일치일 수도 있고, 아

---

9) 이하 한국어의 기원과 관련된 내용은 장영준 저, 『언어의 비밀』(한국문화사, 1998)을 주로 참고하여 쓴 것임을 밝힙니다.

니면 더 많은 공통점의 빙산의 일각일 수도 있습니다.

헐버트(Homer Hulbert, 1905~1998)의 연구 결과를 보면, '표 5'에서 보이는 공통점 이외에도 한국어와 드라비다어의 일종인 타밀어에 다음(표 6)과 같은 어휘들이 일치함을 알 수 있습니다.

표 6_ 한국어와 타밀어의 유사성

의미	한국어	타밀어
you	nə, ni	ni
me	na	na
turn	tol	tirru
rain	pi	pey
eat	mək	meyk
knife	khal	kadi
close	tat	satt
come	o-	wo
ear	kwi	kevi
die	chuk	chak
tree	namu	namu

드라비다어와 한국어의 유사성에 대한 연구는 비교적 많이 이루어졌으며, 강길운은 1,300여 개 이상의 유사어를 보고했습니다. 타밀어와 관련해서 아주 재미있는 사실이 있습니다. 위에서 본 어휘

에서도 엿보이지만, 한국어와 마찬가지로 조사가 있고, 어순이 〔주어+목적어+동사〕인 점도 간과할 수 없습니다.

타밀어 지역의 북부 인접 지역에서 사용되는 칸나다(Kan-nada)어 역시 빼놓을 수 없는 매우 중요한 특징이 있습니다. 다음과 같은 몇 개의 대명사와 조사를 봅시다.

표 7_ 칸나다어의 대명사와 조사

의미	주격(나 – 는)	여격(나 – 에게)	목적격(나 – 를)
나	na-nu	nan-age	nan-nannu
너	ni-nu	nin-uge	nin-nannu
그	ava-nu	avan-ige	avan-nannu
그녀	aval-lu	aval-lige	aval-lallu
우리	na-vu	nav-age	nav-annu

도표에서 보면 대명사 ‘나’와 ‘너’는 한국어와 유사하고, 주격조사 ‘누’, 여격조사 ‘게’, 목적격조사 ‘랄루’는 한국어와 유사합니다. 특히 도표의 표기에서 ‘u’는 한국어 ‘으’의 발음을 표기한 것인데, 이 발음이야말로 한국어의 큰 특징이라는 것은 음운론 학자들에게 상식이지요.

광주과학원의 라마크리슈나 교수는 칸나다어의 ‘i’ 발음이 한국어 ‘으’ 발음과 정확히 같다고 하면서, 한국어에서의 삼중대비 즉

'가, 카, 까'나 '다, 타, 따' 등의 대비 현상이 칸나다어에도 있다고 하였습니다. 더 많은 기초어휘와 문법구조를 연구하면 칸나다어와 한국어의 관련성 유무를 밝혀낼 수 있을 것으로 생각되는 부분입니다.

1995년 10월 30일자 「중앙일보」 기사에 실린 김병호 박사의 글에 따르면 쌀에 관한 어휘가 다음과 같이 대응하고 있습니다.

표 8_ '쌀'에 관한 한국어·인도어·중국어·몽골어의 어휘

한국어	인도어	중국어	몽골어
벼	비아	수이또	
쌀	살, 할	미	사간보따
밥	받	환	보쑹보따

한국어와 계통이 같은 몽골어에는 '벼'를 의미하는 단어가 없고, 오래도록 같이 붙어살았던 중국어와는 완전히 다르면서도 이역만리 떨어진 인도어와 같다는 것은 쌀의 이동 경로를 웅변적으로 보여 주는 증거입니다.

타밀어는 이 밖에도 한국어와 놀라울 정도로 어휘상의 유사성을 보이는데, 예를 들면 존칭어미의 존재입니다. 한국어에서도 윗사람을 부를 때 '김'이라 하지 않고, '김 선생님'이라 하듯이, 타밀어에서도 '간디'라 하지 않고 '간디지'라 합니다.

한국어의 '아버지'는 이런 면에서 매우 흥미 있는 단어입니다. 아버지가 결혼한 아들을 부를 때 '아범아' 하고 부르는데, 이때 절대로 '아버지야'라고 하지는 않죠. '아버지'란 단어는 언제나 후손인 사람이 자신의 아버지를 부를 경우에만 사용합니다. 아들이 아버지를 부를 때에도 '아버님'이나 '아버지'라고는 하지만 '아버지님'이라고는 하지 않지요. '아버지'의 '-지'는 타밀어에서 온 존칭 어미일까요? 타밀어로 아버지는 '아삐'이고, 자신의 아버지를 부를 때 종종 '아삐지'로 부른다고 합니다. 의심 많은 독자들은 얼른 되물을지도 모릅니다. '강아지', '망아지'도 그런 계열에 속하느냐고요. 우리는 단 1퍼센트의 가능성에도 도전하는 형사 콜롬보이지, 안 되는 방향으로만 생각하는 부정주의자(negationist)가 아닙니다.

그렇다면 한국어는 어디서 왔을까요? 한국어와 드라비다어족과의 관련성을 주장한 사람은 한국 문교부, 즉 지금의 교육부 고문으로 일했던 헐버트였습니다.

기본어휘라 할 숫자 말 중에서도 유독 1, 2, 3만 같고 나머지는 다른 경우가 자주 있습니다. 이른바 인도유럽어라 불리는 언어들 내부에서도 숫자 4부터는 대개 서로 다릅니다. 이 점을 염두에 두고 한국어 관련 언어들에서의 숫자 1, 2, 3을 나타내는 어휘들을 살펴봅시다. 다음 표는 김병호 박사의 『멀고 먼 힌두쿠시』에서 인용한 것입니다.

다리어는 지금의 이란과 아프가니스탄을 아우르는 지역에서 사

표 9_ 한국어 관련 언어들에서의 숫자 1, 2, 3

의미	터키어	핀란드어	몽골어	중국어	미얀마어	다리어	산스 크리트어	한국어
1	베르	육씨	니키	이	떧	약	엑카	하나
2	이키	깍씨	하여르	얼	닛	두	드바	둘, 두
3	웃취	코루메	오롭	싼	또우	세	트라이 아스	셋, 세

용되는 언어입니다. 인도유럽어를 확립하는 주요 요인 중의 하나가 기본 숫자 1, 2, 3의 공통점이었다면, 같은 논리로 한국어는 아리안어의 일종인 다리어와 함께 분류되어야 하지 않을까요? 그 정도는 아니더라도 한국어가 도대체 터키어나 몽골어와는 아무런 관련성이 없는데도 불구하고 이들과 한국어가 함께 분류되는 근거는 무엇일까요?

핀란드의 언어학자 람스테트(Gustav John Ramstedt)는 한국어와 터키어, 몽골어, 만주어 등이 피를 나눈 형제어라고 주장하면서 이들 언어군에 우랄알타이어라는 이름을 지어 주었습니다. 한국어와 몽골어에는 어원이 같다고 결론 내릴 만한 많은 단어가 발견된다는 것이 그 근거였습니다. 다음의 도표는 이에 대한 몇 가지 예를 설명해 주고 있습니다.

한국어와 몽골어의 유사성은 충분히 근거가 있는 것으로 보입니다. 그러나 고려 시대 100여 년 이상의 몽골 지배를 고려한다면, 그 유사성이 과연 언어적 친연성 때문인지, 아니면 식민지 지배에

의미	한국어	몽골어	중세 몽골어	만주어
봄(spring)	pom	on	hon	fom
불(fire)	pul	ülije	hülie	fulgije
빌(worship)	pil	irüge	hirüger	firu
붓(pour)	pus	ösür		fusu

의한 문화적 영향력 때문인지는 한번쯤 생각해 볼 문제입니다. 약 400만으로 추정되는 당시의 인구 규모를 생각할 때 많은 고려의 처녀들이 원나라에 잡혀 갔고, 심지어는 처녀 공출을 위한 결혼도 감이라는 관청까지 생겼던 사실을 고려한다면 다방면에 걸친 몽골의 영향을 미루어 짐작할 수 있을 것입니다.

지구상에는 몇 개의 언어가 존재할까?

04

●●● **다음과** 같은 질문을 퀴즈 문제로 낸다면 정답을 찾기가 무척이나 까다로울 것입니다.

"포르투갈에서부터 독일까지 여행을 하는 도중에 거치는 나라들에서 사용되는 언어는 총 몇 개나 될까?"

퀴즈 참가자들은 세계지도를 눈앞에 그려 보며 손가락으로 숫자를 세야겠지요. 포르투갈 – 포르투갈어, 스페인 – 스페인어, 프랑스 – 프랑스어, 독일 – 독일어. 답은 네 개라고요? 그러면 분명 퀴즈를 낸 사람이 기다렸다는 듯이 말할 것입니다.

"아니에요! 한 마흔쯤 될 텐데요?"

그러고는 음흉한 웃음을 흘리며 그 이유를 설명해 줄 것입니다.

포르투갈에선 포르투갈어만 사용하는 것이 아니라 잘 알려지지 않은 미란다어나 갈리시아어도 있으며, 아스투리아스어도 있습니다. 스페인은 또 어떻고요. 아라곤어, 에스트레마두라어, 갈로어, 바스크어, 카탈로니아어, 아란어…… 심지어는 이 언어들로만 텔레비전 프로그램을 내보내는 방송 채널도 있습니다.

단일 언어를 사용하는 것처럼 생각되는 프랑스조차 오크어, 브르타뉴어, 코르시카어, 프로방스어와 같은 소수의 언어들이 있습니다. 독일만 해도 권위 있는 언어목록에 알레마넨어, 바이리시, 동프리지아어, 북프리지아어, 쾰시, 레트체부르기시, 플라우트디에티시, 수르비시 등이 있으며, 여기에 열거한 것들마저도 일부분에 불과합니다.

:: 현문우답

똑똑한 퀴즈 참가자들이라면 포르투갈에서부터 독일까지 몇 개의 언어가 있는가라는 질문을 받고는 의미심장한 미소를 지으며 대답할 것입니다. "경우에 따라 다르죠." 그럼 이 세상에는 몇 개의 언어가 있느냐는 질문을 받더라도 그 똑똑한 참가자는 역시 똑같은 대답을 하겠지요. "경우에 따라 다르죠." 즉, 정답은 어떤 방식으로 언어를 세느냐에 따라 다르다는 것입니다.

세는 방식에 따라 조금씩 다르지만 대부분의 학자가 지구상에서 현재 사용되는 언어는 약 4,000~6,000개라고 말합니다. 그중에서도 가장 낮게 말하는 사람은 3,000개라고 추정하며 가장 많이 센 사람은 1만이라고도 합니다. 누군가 "전문가들이 언어를 세는데 어째서 그렇게 힘들어하는 것이냐?"라고 묻는다면 조금은 더 정확한 대답을 들을 수도 있습니다. '무엇을 하나의 언어로 간주할 것인지에 대한 통일된 이론이 없기 때문'이라고요.

'두 사람이 말을 하는데 서로 알아듣지 못하면 그들은 두 개의 말을 하고 있는 것이다.' 이것이 언어의 숫자를 셀 때 보통 적용하는 기준입니다. 하지만 말처럼 그렇게 간단한 문제가 아닙니다. 독일 함부르크 출신의 어느 부부가 바이에른 지방으로 휴가 여행을 갔다고 생각해 봅시다. 평소 남의 마음을 잘 이해하고 귀가 밝은 아내는 바이에른의 식당에서 벌어진 토론을 알아들을 수 있을 것입니다. 그러나 무뚝뚝한 성격의 남편은 아마 잘 알아듣지 못하겠지요. 이런 경우에 바이에른의 식당 단골손님들이 쓰는 언어는 그들만의 독자적인 언어라고 할 수 있을까요?

바이에른의 언어인 바이리시를 활성화하고자 하는 '바이리시 촉진협회'의 사람이라면 즉시 "네!"라고 분명하게 대답할 것입니다. 어쩌면 한국의 경상도 사람들이 "하모요, 그기 우리만 쓰는 말인기라요!"라고 하듯 바이리시를 사용하며 대답할지도 모릅니다. 그와 반대로 대부분의 언어학자들은 이렇게 답하겠지요. "아닙니다. 바이리시는 독자적인 언어가 아닙니다. 독일어의 방언 중 하나일 뿐입니다." 그 증거로서 학자들은 바이에른 사람들 역시 독일의 프리지아나 쾰른 등 다른 지방들과 똑같은 신문과 잡지, 책을 읽는다는 점을 들 것입니다. 즉, 바이에른 사람들만을 위해 바이리시로 번역된 신문이나 잡지는 없다는 것이지요.

독일 남동쪽 끝단에 위치한 도시 로젠하임이나 파사우의 사람들도 북서쪽 끝단의 함부르크나 아헨에 사는 사람들과 마찬가지로 독일연방국에서 출간된 잡지를 모두 잘 이해하며 읽을 수 있습니다. 그리고 바이에른 사람들과 프리지아 사람들과 쾰른 사람들이 조금씩만 노력한다면 구두 언어라 할지라도 서로의 말을 알아들을 수 있습니다.

:: 역사적 우연과 정치적 우연

하지만 역사가 조금 다르게 발전해 왔더라면 언어의 모습 역시 달라졌을 것입니다. 예를 들어 네덜란드어와 동프리지아어는 서로 크게 다르지 않습니다. 그러나 네덜란드가 독립된 국가를 창립한 뒤부터 그 나라의 시민들이 사용하는 언어 역시 하나의 독립된 언어로 간주되기 시작했습니다.

언어학자들에 따르면 스칸디나비아 본토에는 사실 단 하나의 언어만이 존재한다고 볼 수 있습니다. 사람들이 서로의 말을 이해하느냐 하는 문제만 따진다면 말이죠. 그리고 그 언어는 '스칸디나비아어'라고 이름 붙일 법합니다. 스웨덴과 노르웨이와 덴마크 사람들은 호의를 가지고 노력만 한다면 얼마간은 의사소통이 가능하기 때문이지요. 하지만 그곳에는 엄연히 여러 나라가 있으므로 공식적으로는 스웨덴어, 노르웨이어, 덴마크어 등 여러 언어가 있는 것으로 간주됩니다.

예전 유고슬라비아의 경우에는 정치 상황이 언어에 훨씬 더 현저한 영향을 미쳤습니다. 나라가 붕괴되기 전에는 전국에 걸쳐 '세르보크로아티아어'라는 이름의 유일한 언어가 있다고 간주되었습니다. 하지만 오늘날엔 크로아티아인들과 세르비아인들이 자신들은 서로 전혀 다른 언어를 쓴다고 주장하지요.

스페인을 방문하는 여행객들 역시 토착민들이 자신들의 언어를 독립된 하나의 언어라고 주장하는 것을 보며 거듭 놀랍니다. 가령 카탈로니아어가 그렇습니다. 카탈로니아어가 스페인어와 확연히 차이가 난다는 것을 의심하는 사람은 없습니다. 그리고 어느 곳에서 카탈로니아어를 사용하는지도 분명하게 알 수 있습니다. 피레네로부터 바르셀로나의 대부분 지역과 지중해 해안가를 따라 발렌시아 지방까지 내려가고, 지중해의 섬 마요르카, 마노르카, 이비자, 프로멘테라의 사람들도 카탈로니아어를 사용합니다.

그러나 최근에 이르러서 마요르카 사람들은 그들이 쓰는 카탈로니아어가 본토의 그것과는 전혀 다른 언어라고 주장하고 있습니다. 그 언어의 이름도 '마요르카어'라고 합니다. 발렌시아의 주민들 역시 발렌시아어는 카탈로니아어가 아니며 그들만의 독자적인 언어라고 주장합니다.

한 도시에, 혹은 한 나라나 전 세계에 몇 개의 언어가 있느냐는 질문에 대해서는 아주 간단하게 대답할 수 있습니다. 즉, "사람들이 생각하는 것보다는 많다!"는 것입니다.

모든 사람이
단 하나의 언어만을
사용할 날이 올까?

대부분의 전문가가 100년쯤 후면 전 세계에 600개 정도의 언어
만이 남게 되리라는 데 의견을 같이하고 있습니다. 즉, 그때까지
현재 사용되고 있는 언어 중 90퍼센트가 소멸될 것이라는 얘기
입니다.

05

●●● 1877년 에드워드 마드렐이 태어났을 때, 누구도 훗날 그가 유명해지리라고는 생각하지 못했을 것입니다. 친구들은 그를 '네드'라고 불렀습니다. 네드는 다른 아이들과 마찬가지로 영국과 아일랜드 사이의 아주 작은 '맨 섬'에서 자랐습니다. 그는 아일랜드의 모래사장에서 뛰어놀며 아주 어릴 때부터 돛단배 타는 법을 배웠습니다. 네드는 고기잡이가 되고 싶었습니다. 19세기에 그곳에서 태어난 다른 젊은이들처럼요.

한마디로 지극히 평범한 삶을 살았던 셈이지요. 그는 특별히 학문적인 업적을 남기지도 않았고 유명한 운동선수도 아니었습니다. 그럼에도 불구하고 그의 이름이 들어가는 책과 논문이 여남은 권이나 출판되었습니다. 심지어는 매학기 '네드 마드렐 강의'가 열리곤 했습니다. 이 고기잡이 남성의 인생 경력에 한 가지 아주 특별한 점이 있기 때문이었죠. 1974년에 네드가 죽었을 때 그의 죽음은 동시에 한 언어의 죽음이기도 했습니다. 그는 맨 섬에서 나고 자라며 그곳의 언어인 맹크스어를 배운 마지막 주민이었거든요. 그는 19세기에 바다에 나가 고기를 잡기 시작할 때만 해도 배 안에서 오로지 맹크스어만 들었음을 회상했습니다.

오늘날 맨 섬의 어린이들은 영어를 모국어로 알고 자랍니다. 이 작은 섬은 정치적 독립을 이루었기 때문에 공식적으로 대영제국에 속하지 않습니다. 그러나 영국의 여왕들과 왕들은 지난 수세기에 걸쳐 이 섬에 막대한 영향을 미쳐 왔습니다. 학교와 행정, 신문사와 텔레비전 방송국에 이르기까지 영어만이 이 섬의 유일하고도 중요한 언어였습니다. 그러다 보니 오늘날 맨 섬의 어린이들은 어머니를 'mother'라고 부릅니다. 그러나 네드 마드렐은 어머니를 맹크스어 'vummig'라고 불렀지요. 그리고 어렸을 때 그가 장차 원하던 직업은 'fisherman'이 아니라 'eeasteyr'가 되고 싶은 것이었습니다.

마드렐이 죽기 몇 년 전부터는 그와 맹크스어로 대화를 나눌 사람이 단 한 명도 없었습니다. 맹크스어를 기록하고자 노력했던 언어학자들은 이미 1950년대부터 이 언어를 모국어로 쓰는 사람 여남은 명을 발견했지요. 하지만 1962년 맹크스어를 배우며 자랐던 주민 중 마지막에서 두 번째 사람이 죽었습니다. 이후 12년간 네드 마드렐은 '마지막 맹크스어 사용자'였습니다.

마드렐의 죽음을 기해서 언어학자들은 맹크스어를 현재 사용되는 언어들의 목록에서 제외시켰습니다. 맹크스어는 20세기 유럽에서 소멸된 유일한 언어였습니다. 반면에 전 세계로 눈을 돌려 보면 언어가 사라지는 현상이 급속도로 진행되는 추세입니다. 전문가들은 매년 100개쯤 되는 언어가 사라지고 있다고 추측합니다. 그러므로 2주마다 한 언어의 '마지막 사용자'가 죽는 셈입니다. 그와 더불어 해당 언어도 함께 죽는 것이지요. 특히 아메리카와 호주 대륙에서, 또한 아시아와 아프리카에서 많은 언어가 곧 사라질 위기에 처해 있습니다.

:: 언어는 천천히 죽는다

현재 수백 개의 언어가 맹크스어와 같은 운명을 겪을 위기에 처해 있습니다. 네드 마드렐이 태어나기 200년 전만 해도 맹크스어는 맨 섬 주민들이 날씨에 관해, 다음번 물고기잡이 철에 대해, 혹은 조부모님의 건강에 대해 이야기를 나누기 위해 사용하던 언어였습니다. 맹크스어로 써진 책도 꽤 있었고요. 그리고 좀 더 과거로 거슬러 올라가 보면 맹크스어 역시 주목할 만한 언어였음을 알 수 있습니다.

맨 섬의 언어는 켈트족의 언어에서 파생되었습니다. 예수가 태어나기 전 시대에는 켈트어가 유럽에서 가장 중요한 언어 중 하나였지요. 만화 주인공 갈리아인 아스테릭스가 정말 존재했던 인물이라면 친구 오벨릭스나 추장 마에스트릭스와 함께 분명 켈트어로 이야기를 나누었을 것입니다.

아스테릭스는 그가 살고 있는 집단을 'Clan'이라고 불렀을 것입니다. 이 단어는 서양의 여러 언어 속에 아직도 남아 있는 단어로서 원래는 켈트어에서 유래했습니다. 그의 클랜(Clan)은 오늘날 프랑스 북대서양 해변가의 방언을 사용했을 것입니다. 그러나 아스테릭스와 친구들은 약 2,000년 전에 다른 켈트족 클랜과, 그리고 지금의 남독일 지방이나 이탈리아 북부에 사는 사람들과도 어느 정도는 의사소통이 가능했을 것입니다. 그들과 함께 모여 마술음료에 대해서 혹은 로마인들을 어떻게 두들겨 패 줄 것인가에 대한 전략을 논의했겠지요. 또한 오벨릭스는 영국의 섬들에 흩어져 있던 켈트족과도 (그 당시에도 벌써 몹시 오래된 유적이었던) 성스러운 스톤헨지 위에 선돌이 제대로 잘 놓였는지에 대해 서로 의견을 주고받았을지도 모릅니다.

오늘날 켈트어는 거의 사라진 언어입니다. 아스테릭스의 고향 북프랑스의 학교에서는 아직도 브르타뉴어를 가르치고 있지만 일상 언어로는 거의 사용되지 않습니다. 아스테릭스라면 분명 도저히 믿을 수 없는 일이라고 하겠지만 결국 그의 동포들은 로마인들의 문화에 완전히 흡수되고 말았지요.

그리하여 갈리아인들은 라틴어를 받아들여야만 했고 그 라틴어로부터 지금의 프랑스어를 발전시켰습니다. 지금 브르타뉴 지방에선 '안녕하세요' 하고 인사를 할 때 아무도 켈트어 'demat'라는 말을 쓰지 않습니다. 이제는 로마인들의 언어로부터 발전된 'bonjour'라는 인사만을 들을 수 있을 뿐이죠. 옛날 영국의 반도 콘월에서 사용되었던 켈트어 역시 그와 똑같은 운명을 겪었습니다. 그곳의 켈트어 역시 앵글로색슨족의 언어를 이기지 못했습니다. 결국은 영어가 더 우세했던 것입니다.

스코틀랜드의 켈트어는 좀 더 긴 생명을 영위했다고 알려져 있습니다. 일상생활에서는 아주 드물게 사용되지만 지금도 약 7만 명쯤 되는 사람들이 켈트어의 한 갈래인 스코틀랜드게일어로 써진 글을 듣거나 읽으면서 대략이나마 무슨 내용인지를 이해할 수 있다고 합니다. 켈트어의 유산을 그나마 가장 많이 간직하고 있는 지역은 아일랜드입니다. 하지만 그곳조차 다만 몇 천 명의 사람들만이 일상 언어로 게일어를 사용하고 있을 뿐이지요.

:: 언어를 사라지게 하는 주범은 권력정치와 빈민

언어가 사라지는 현상은 세계 도처에서 비슷한 방식으로 일어납니다. 한 언어가 소멸 선고를 받는 것은 거의 언제나 정치적인 권력 행사나 경제적인 곤궁 때문입니다. 중세 시대 브리튼 제도의 섬들이 영국 왕들의 지배를 받게 되었을 때 영어가 스코틀랜드와 아일랜드, 그리고 콘월과 웨일스에서 사용하던 켈트어를 누르고 우세하게 될 것임은 누구나 예상할 수 있는 일이었습니다. 행정부의 공무원들은 예전처럼 켈트어를 사용한 것이 아니라 영어를 사용했지요. 공식 문서들은 영어로 작성되어야 했고, 어린이들은 학교에서 더 이상 게일어나 웨일스어를 써서는 안 되었습니다. 게다가 직업상 성공을 원하는 사람이라면 반드시 런던에서 쓰는 영어를 사용해야 했죠.

스코틀랜드에서는 어린이들이 게일어로 말하는 선생님을 촌놈이나 바보라고 부르며 놀렸습니다. 또 아이들은 학교 수업 시간이나 운동장에서 게일어로 말을 하는 학생들을 발견하면 그들의 목에 막대기(게일어로는 maidhe crochaidh)를 걸었습니다. 줄에 묶인 막대기였지요. 학생들은 수업 시간 내내 이것을 목에 걸고 있어야 했습니다. 수업이 끝나면 이 막대기로 매를 맞았지요. 심지어 1960년에 이르기까지도 이런 관행이 행해졌다는 기록이 남아 있습니다. 아일랜드에서도 18세기와 19세기에 게일어로 말하는 사람들에게 이러한 벌을 내리는 관행이 널리 행해졌습니다.

오늘날까지도 많은 나라에서 모국어를 옹호함으로써 소수 언어가 위험에 처해지는 경우를 볼 수 있습니다. 예를 들어 터키 동쪽 지역에서 몇 백만 명의 사람들이 쿠르드어를 모국어로 알고 자랐음

에도 불구하고 터키 정부는 쿠르드어를 인정하지 않습니다. 2001
년 말 무렵에는 터키 대학생들이 쿠르드어를 선택과목으로 배우게
해 달라는 요구를 했다가 강의실에서 쫓겨나 퇴학을 당하는 사건이
있었습니다.

:: 크리스토퍼 콜럼버스가 부른 희생

다양한 언어가 말살된 사건 중에 가장 큰 사건은 16~19세기에
일어났습니다. 유럽의 정복자들이 아메리카 대륙과 호주, 그리고
아프리카와 아시아의 많은 지역을 정복하고 식민지를 건설한 것입
니다. 1492년 크리스토퍼 콜럼버스가 아메리카 대륙에 첫발을 들
여놓을 당시 북극과 혼 곶 사이 지역에 살던 사람들은 무려 1,000
개가 넘는 언어를 사용하고 있었습니다. 16세기의 학자라면 알래
스카에서 남미의 최남단에 이르기까지 여행하는 동안 몇 킬로미터
마다 한 번씩 새로운 사전과 통역사가 필요했을 것입니다.

아메리카 대륙의 원주민 중 많은 부족이 완전히 멸종되었거나
몇 천 명만이 살아남았습니다. 그 죽어 간 사람들과 함께 언어 역
시 죽었습니다. 오늘날 아메리카 대륙을 여행하며 의사소통을 하
려는 사람은 몇 가지 식민지 언어 중 하나를 선택할 것입니다. 제
일 좋은 건 역시 영어일 것이고 스페인어도 괜찮을 것이며 그 외에

는 포르투갈어와 프랑스어로, 아메리카 대륙 여행객은 이 외에 다른 언어는 필요하지 않습니다.

아직도 페루에는 원주민들이 '케추아'라는 인디오 언어를 보존하고 있기는 합니다. 과테말라나 남부 멕시코의 시장에서는 옥수수나 해먹 거래가 스페인어로 이루어지지 않습니다. 그들은 다양한 마야어 중 하나인 '키체'나 '첼딸' 같은 언어를 사용합니다. 이론적으로는 아직도 아메리카 대륙에 매우 다양한 언어가 존재한다는 말이지요.

하지만 멕시코인이든 페루인이든 자신의 가난한 인디오 마을을 벗어나고자 한다면 그는 무조건 스페인어를 배워야 합니다. 그리고 좀 더 발전하고 싶다거나 미국으로 이민을 가고 싶다면 물론 영어를 배워야 하지요. 자식들이 그들보다 잘 살기를 바라는 인디오의 부모들은 아들딸이 인디오 언어만을 배우며 자라지 않도록 주의를 기울일 것입니다. 제일 좋은 것은 태어난 직후부터 무조건 스페인어와 영어를 배우는 것이라고 생각하겠지요.

경제적 곤궁이 언어에 막대한 영향을 미친 사례는 특히 아일랜드에서 두드러지게 나타났습니다. 19세기만 해도 그곳에서는 약 400만 명의 사람들이 게일어를 사용했습니다. 전체 인구의 반이 넘는 숫자였죠. 그러다가 1845년에 이르러 극심한 흉년이 들었습니다. 100만 명쯤 되는 사람들이 굶어 죽었습니다. 그리고 200만 명쯤 되는 사람들이 외국으로 떠났습니다. 기아를 피해 미국이나 영국으로 이민을 간 것입니다. 새로운 이주 지역에서 살아남으려면 영어를 배워야 했습니다. 아일랜드의 대도시 더블린이나 코르크 또는 벨파스트에서 일을 구하려는 사람들도 마찬가지로 영어를 사용해야 했지요. 그렇게 해서 아일랜드가 물려받았던 게일어의 유산은 아주 짧은 시간 내에 완전히 사라져 버렸습니다.

미국의 직업 현장과 언론 매체를 독차지한 영어의 우세 때문에 오늘날까지 명맥을 유지해 온 많은 인디오 언어가 소멸될 위기에 처해 있습니다. 아메리카 대륙에서 조상 대대로 살아온 원주민 포모족이나 유키족의 인디언 언어도 머지않아 곧 사라질 것입니다. 일본에도 아이누족의 언어와 같이 소멸 위기에 처한 언어가 있고 그 언어를 쓸 줄 아는 사람은 이제 몇 명 남지 않았습니다. 호주의 원주민인 애버리진의 모든 의사소통 형태 역시 똑같은 운명에 처해 있지요. 호주에 영국 사람들이 들어와 식민지를 개척하기 전에는 250개 정도의 언어가 사용되었다고 합니다. 그들 중에서 오늘날까지 남아 있는 언어는 손가락으로 꼽을 수 있을 정도입니다. 나머지 애버리진 언어들 역시 곧 사라지고 말 것이 틀림없습니다.

:: 모든 사람을 위한 단 하나의 언어?

많은 언어가 죽어 가고 있는 동시에 얼마 안 되는 몇몇 언어는 점점 자라나는 추세입니다. 중국에서 가장 중요한 언어인 만다린 중국어는 9억 인구의 모국어로 사용되고 있습니다. 만다린 중국어를 제2언어로 사용하는 사람까지 감안한다면 가히 아시아 10억 인구의 언어라고 말할 수 있겠죠. 스페인어를 모국어나 제2언어로 사용하는 사람은 5억 2,000만 명이며, 영어를 모국어나 제2의 언어로 사용하는 사람은 5억 1,000만 명입니다. 독일어는 1억 3,000만 명이 사용하며 규모로 치면 세계언어 중에서 중간 정도입니다.

사업과 학문 언어로 말하자면 영어가 중국어나 스페인어보다 훨씬 큰 성공을 거두었다고 할 것입니다. 세계의 명망 있는 학자들은 그들의 연구 논문을 발표할 때 적어도 영어로 요약한 내용을 발표해야 하는데 그것을 초록(abstract)이라고 부릅니다. 또는 그들은 아예 논문 전체를 영어로 쓰기도 하지요. 그뿐인가요. 대부분 산업 국가의 기업에서는 사업보고서를 그들 나라의 언어뿐만 아니라 영어로 써서 공개적으로 발표합니다. 게다가 영어는 무엇보다도 세계에서 가장 중요한 주식거래소인 뉴욕 월 스트리트에서 사용되는 언어죠. 인터넷상에서도 모든 정보의 80퍼센트 정도가 영어로 표현되고 있습니다.

그래서 어떤 언어학자들은 영어가 유일한 세계인의 언어가 될 것이라고 전망하기도 합니다. 뉴질랜드 출신 연구자 스티븐 로저 피셔는 "머지않아 세계의 모든 언어가 아주 적은 몇 개만을 빼고는 다 사라져 버릴 것이며, 마지막에는 인류 전체를 위한 단 하나의 언어가 남을 것이다."라고 주장했습니다. 피셔는 마지막에 남을 언어가 무엇인지 정확하게 지목하지는 않았지만, 영어를 뜻한다는 것은 누구나 알 수 있지요.

하지만 그러한 전망을 의심할 만한 여러 가지 반대 의견도 존재합니다. 영어가 '세계어'가 되려면 스페인어를 사용하는 나라들과 중국이 그들의 전 교육체계와 행정 언어를 먼저 영어로 바꾸지 않으면 안 되기 때문입니다. 러시아어를 사용하는 2억 8,000만 명 인구의 나라들에서도 그와 똑같은 일이 일어나야 하며, 아랍어를 사용하는 2억의 나라들도 마찬가지입니다. 독일과 이탈리아와 프랑스 역시 모국어를 버리고 영어로 바꾸어야 하죠.

정말로 몇 개의 언어만이 살아남을지 혹은 단 하나의 유일한 언어만이 살아남을지는 지금으로서는 예상하기 어렵습니다. 그러나 대부분의 전문가가 100년쯤 후면 전 세계에 600개 정도의 언어만이 남게 되리라는 데 의견을 같이하고 있습니다. 즉, 그때까지 현재 사용되고 있는 언어 중 90퍼센트가 소멸될 것이라는 얘기입니다.

:: 재앙인가 파라다이스인가?

언어학자들이 "다음 세기에는 결국 몇 개의 언어가 살아남을 것인가?"라는 질문에 대해서만 열띤 토론을 벌이는 것은 아닙니다. 언어의 소멸이 일부 사람들이 생각하듯 그렇게 나쁜 재앙인지, 아니면 다른 사람들이 주장하듯 지극히 자연스러운 일인지에 대해서도 뜨거운 논쟁이 벌어지고 있습니다.

멕시코의 작가 옥타비오 파스는 "언어가 소멸될 때마다 인간의 모습도 하나씩 소멸된다."라고 말했습니다. 또한 영국의 언어학자 데이비드 크리스털은 언어의 소멸 현상에 대해 "우리는 지금 지구 역사상 가장 큰 정신적인 재앙을 겪고 있다."라고 쓰기도 했습니다. 동료인 다니엘 네틀은 그의 말에 동의하며 언어의 소멸과 더불어 우수한 지식도 함께 사라져 버리는 것이라고 덧붙입니다. 네틀은 필리핀의 하우누족이 채소의 종류를 나타내는 430개의 단어를 가지고 있고, 각각의 성질에 따라 40개의 단어로 '땅'에 이름을 붙였다는 것을 예로 들었습니다. 이렇게 풍부한 개념들과 그 표현 방법을 갖춘 언어는 세상 어디에도 없다는 것입니다. 하우누 지역의 땅을 가꾸려고 하거나 그곳의 생태계를 보존하려는 사람이라면 하우누족의 언어가 저장하고 있는 땅에 대한 지식을 배우지 않으면 안 됩니다.

물론 그와는 반대되는 의견도 있습니다. 인도계 영국인 작가 케넌 말릭은 언어의 소멸에 관해 "죽게 놔두세요!"라고 말할 뿐입니다. 모든 언어가 존재하는 이유는 서로가 이해하고 소통하기 위함이라는 것이죠. 그러한 목적을 위해서라면 6,000개의 언어가 필요한 것도, 3,000개가 필요한 것도 아니니까요. 스티븐 로저 피셔는 언어의 소멸을 통해 "새로운 글로벌 사회가 지금까지 경험해 보지 못한 수준 높은 대화를 나누게 되고, 그러한 대화는 모든 분야에서 인간 행동에 이익이 될 것"이라고 덧붙였습니다. 즉, 그는 누구나 어렵게 외국어를 배우지 않고도 세계의 모든 사람과 대화를 나눌 수 있는 행복한 미래를 믿고 있는 것입니다.

:: 언어의 소멸은 얼마나 빨리 진행될까?

그러나 언어가 소멸하고 세계적으로 유일한 언어만이 남는 과정이 그렇게 빨리 진행되지 않으리라는 징표도 있습니다. 스페인 북동부에서 사용되는 바스크어의 전망은 오랫동안 매우 어두운 상태였지요. 1939년부터 1975년까지 지속된 프란치스코 프랑코의 독재 정권 아래서 그 어떤 유럽어와도 유사점이 없는 이 언어는 계획적으로 탄압을 받았습니다. 학교에서 이 언어를 사용하는 것이 금지되었고 바스크어 신문 같은 건 전국 어디서도 찾아볼 수 없었습니다. 그러나 스페인의 독재자가 죽자 바스크어의 사용자가 비약적으로 늘어났습니다.

이제 이 언어를 능숙하게 구사할 수 있는 사람은 무려 70만 명이나 됩니다. 전 지역이 마드리드의 중앙 정권에 대항해 독립을 원하고 있는 가운데 바스크어로 나오는 텔레비전 및 라디오 방송과 바스크어 문학이 강력히 장려되고 있습니다. 대화의 많은 부분을 주로 스페인어로 주고받는 바스크인들조차 바스크어로 된 단어나 미사여구를 문장 가운데 집어넣지요. 예를 들어 그들이 친구를 만나면 스페인어인 'Hola' 대신에 'Agur'라고 인사합니다.

스페인에서 더욱 강한 생명력을 자랑하는 언어는 카탈로니아어입니다. 이 언어 역시 프랑코의 독재 기간에 탄압을 받았습니다. 그러나 이젠 700만 명이 넘는 스페인 지중해 해변가와 발레아레스 제도의 사람들이 카탈로니아어의 다양한 변종을 일상 언어로 사용하고 있습니다. 물론 카탈로니아인들이라면 거의 누구나 스페인어를 알아듣고 말할 줄 압니다. 그러나 바르셀로나와 발렌시아, 그리고 팔마 드 마요르카에서는 남녀노소를 불문하고 누구나 중심부 마드리드의 언어를 쓰기보다는 자신들의 말을 쓰기를 원합니다.

아프리카나 아시아에서는 이미 오래전부터 여러 언어가 서로를 밀어내지 않고 나란히 공존했습니다. 이곳 역시 최근에 이르러서는 많은 언어가 소멸했지요. 하지만 이곳 사람들은 여러 개의 언어를 가지고도 그만큼 오랫동안 함께 살아왔던 것입니다. 그리고 그런 다언어 사용 습관 덕분에 의사소통을 하는 많은 방법을 보존하고 있습니다.

예를 들어 나이지리아의 아방캉 지역에 사는 한 아프리카인은 자신의 고향마을에서는 아바뇸이라는 언어를 사용할 것입니다. 그가 시장을 보기 위해 근처의 대도시로 여행을 하게 되면 장사꾼과 흥정을 하기 위해 하우사라는 언어를 써야 합니다. 그는 이런 식으로 나이지리아의 대부분 지역의 주민들뿐만 아니라 이웃 나라인 가나, 수단에 사는 사람들을 포함해 총 5,000만 명의 사람들과도 대화를 나눌 수 있습니다. 그가 관공서 일을 볼 때나 하우사어를 사용하지 않는 사람들과 대화를 나눌 경우에는 예전 식민지 시절에 사용하던 언어를 사용합니다. 나이지리아에서 식민지 시절에 쓰던 언어는 영어지만 아프리카의 다른 나라들이 사용한 언어는 프랑스어나 포르투갈어가 대부분입니다. 그래서 나이지리아나 가봉이나 케냐 사람들에게는 서너 개의 언어를 사용하는 것이 전혀 특별한 일이 아닙니다. 오히려 지극히 평범한 일상이지요.

:: 언어를 살려 내려는 노력

　얼마 동안 사라질 위기에 처했던 언어 중에는 다시금 생명력을 발휘하여 소생한 언어도 있습니다. 예를 들면 스페인에서는 몇 십만 명 혹은 몇 백만 명의 사람들이 카탈로니아어를 구사할 수 있었습니다. 그리고 카탈로니아어는 몇 세기 전부터 말을 하는 데만 사용된 것이 아니라 문자로 기록되기도 했습니다. 카탈로니아 사람들은 700년 전에 카탈로니아어로 260권이 넘는 시집과 소설을 썼던 작가 라몬 율(Ramon Llull)을 아직도 자랑스러워합니다. 그것이 시초가 되어 오늘날에 이르기까지 카탈로니아어는 매우 활발한 문학적 전통을 보존해 왔지요.

　다른 언어들은 사라지는 것을 방지하기 위해 시급한 대책이 필요하기도 합니다. 그 전형적인 예가 아일랜드의 게일어입니다. 20세기 초반에 이르러서는 몇 명의 농부와 어부들만이 이 언어를 사용했고, 조만간 소멸될 거라고 여겼습니다. 하지만 1922년 아일랜드인들이 영국으로부터의 독립을 위해 싸우기 시작했을 때 그들은 그들만의 언어 '아일랜드어'로써 독립 주권을 나타내고자 했습니다. 그렇게 해서 아일랜드어는 국가 공용어가 되었고, 오늘날에는 유럽 연합의 공식 언어 중 하나로 채택되었습니다.

　학교에 다니는 어린이들은 원하든 원하지 않든 옛날에 사용하던 게일어를 배워야 합니다. 영어로 'How do you do?' 라고 말하는 대신 게일어로 ʻConas atá tú?ʼ 라고 인사하는 법을 배우면 대부분의 사람들은 아직도 낯선 외국어처럼 받아들입니다. 하지만 이렇게 함으로써 게일어는 계속해서 보존될 수 있지요.

켈트어에 속하는 맹크스어조차도 1974년 이 언어를 마지막으로 사용했던 네드 마드렐이 사망한 후 맨 섬의 사람들에 의해 부활되고 있습니다. 그들은 이 언어가 완전히 죽었다고 생각하지 않았습니다. 그들은 대영제국의 막강한 권력에서 벗어나기를 원하며 그들의 언어를 다시 돌보기 시작했습니다. 맨 섬의 학교에서는 맹크스어가 이제 인기 과목이 되었습니다. 1992년 맨 처음으로 이 언어 수업의 신청자를 받았을 때 학생의 20퍼센트가 등록했습니다. 맨 섬 정부는 맹크스어로 된 책의 출간을 장려하고, 이 언어를 장려하도록 맹크스어 전담 공무원을 임명했습니다. 그는 주기적으로 회합을 열고 회합에 모인 사람들은 사실상 소멸된 이 언어를 앞으로 어떻게 부활시킬 것인가를 논의합니다.

오늘날 맨 섬의 어린이 중에 맹크스어를 부모로부터 배우는 사람은 단 한 명도 없습니다. 그럼에도 불구하고 맨 섬 정부는 ʻ새로운 맹크스어 사용자 세대가 부활하고 있다ʼ고 보고합니다.

언어 사이의 우열은 존재할까?

06

••• 고대 그리스인들에게 그건 아주 간단한 문제였습니다. 세상에 다른 언어들보다 더 수준 높은 언어가 있느냐는 질문을 받으면 그들은 즉시 "그럼요!"라고 대답했습니다. 고대 아테네와 스파르타에서는 그리스어만이 유일하게 쓸모 있는 대화의 도구임이 너무나 자명한 사실로 여겨졌으니까요. 그들은 자신들과 다른 말을 사용하는 사람들을 'Barbaros(바르바로스)', 즉 야만인이라고 불렀습니다. 바르바로스는 '말더듬이'라는 뜻입니다.

그와 마찬가지로 로마인들 역시 이 질문에 간단한 대답을 가지고 있었습니다. 그들이 사용하는 라틴어만이 유일하게 쓸모 있는 언어라고 주장한 것입니다. 로마 정복자들에게도 다른 민족이 사용하는 말은 '야만인들의 언어'일 뿐이었습니다. 오로지 그리스어만 예외였습니다. 라틴어를 가르치는 교사들은 온갖 이유를 들며 라틴어가 우수하다는 것을 증명하려고 했습니다. "라틴어의 구조는 특별히 논리적이다. 게다가 라틴어는 철학이나 문학적인 글을 쓰기에 매우 적합한 언어이다."라는 식으로 말입니다.

:: 우수 언어 선발대회

어떤 사람들은 로마제국이 멸망한 후까지도 끊임없이 라틴어가 특별히 우수한 언어라고 주장해 왔습니다. 중세 이후 라틴어는 유럽 내에서 학문의 언어로 자리 잡았습니다. 그리고 오랜 시간에 걸쳐 가톨릭교회는 종교를 전파하기 위한 수단으로 주로 라틴어를 사용했지요.

그러나 '우수한 세계언어'로서의 라틴어라는 인식은 더 이상 오래가지 못했습니다. 게다가 이 언어를 모국어로 사용하는 사람이 없어진 터였으므로 자신들만의 언어가 우수한 언어라며 옹호할 사람들도 없었습니다. 중세 후기에 들어서면서 도처에서 '가장 우수한 언어'라는 수식어를 두고 많은 이가 너도나도 각축전을 벌입니다. 그런 현상은 오늘날의 시점에서 보면 매우 우스운 일이었습니다. 그중에서도 특히 1569년에 플래미시 언어를 연구했던 학자 고

로피우스 베카누스가 다음과 같은 기발한 생각을 해냈습니다.

1. 가장 우수한 언어란 파라다이스에서 아담과 이브가 사용하던
   언어이다.
2. 인간들이 바벨탑을 세우려 하자 신이 내려와 그들이 서로
   알아듣지 못하도록 '뒤섞어' 놓았던 때부터 그 언어가 사라
   졌다.
3. 하지만 그 파라다이스 언어가 완전히 다 사라진 것은 아니었
   다. 몇몇 사람이 그것을 보존하고 있었다. 그들은 바로 '침
   버'라는 옛 게르만족에 속하는 사람들이다. 왜냐하면 그들은
   바벨탑이 세워지던 당시 그곳에 없었기 때문이다.
4. 그러므로 침버족의 언어가 바로 파라다이스 언어이며 가장
   우수한 언어이다.
5. 이 언어는 지금도 존재한다. 지금은 벨기에에 속하는 도시 안
   트베르펜의 사람들이 이 언어를 예전 그대로 사용하고 있다.
6. 그러므로 최종 결론은 다음과 같다. 가장 우수한 언어(파라다
   이스 언어!)를 듣고자 하는 사람이라면 누구나 안트베르펜 시
   를 방문하면 된다.

아무튼 베카누스 자신만큼은 그것이 사실이라고 굳게 믿었습
니다.

:: 신의 언어 또는 이성의 언어

하지만 안트베르펜의 방언을 우수한 언어라고 옹호한 사람은 베카누스 말고는 거의 아무도 없었습니다. 당시 대부분의 학자는 히브리어가 신의 언어에 가장 가깝다고 믿었습니다. 성스러운 나라, 즉 이스라엘 민족의 언어였기 때문이지요. 사람들의 눈에 이스라엘 민족은 신으로부터 선택받은 민족으로 여겨졌습니다.

그런 믿음에 따라 지난 세기의 언어학자들은 자신들의 모국어가 다른 언어들보다 훨씬 더 히브리어와 비슷하다는 주장을 펴기 위해 경쟁을 벌였습니다. 1690년 프랑스 언어학자 페르 토마신은 히브리어와 프랑스어가 너무나도 비슷한 언어이기 때문에 "두 언어는 사실 하나의 언어라고 해도 과언이 아니다!"라고 말했을 정도입니다. 그러니 논리적으로 생각해 본다면 결론적으로 프랑스어가 가장 우수한 언어라는 주장이었죠.

그와 동시대에 살던 이탈리아의 학자들 역시 이탈리아어가 가장 우수한 언어라는 것을 입증하려고 노력했습니다. 그리고 독일인 학자들은 독일어가 다른 그 어떤 언어보다도 훌륭하다고 확신했습니다. 19세기 초 독일의 철학자 요한 고트립 피히테는 독일어를 모국어로 사용하며 자라난 사람은 다른 사람들에 비해서 생각과 감정을 이해하는 데 훨씬 뛰어난 능력을 발휘한다고 믿었습니다. 또한 독일인은 모든 외국어를 능숙하게 배울 수 있다고 주장했습니

내가 영어야~
영어는 가장 우수한 언어야!
프랑스어 모르면 말안돼!
터무니없는 거짓말이야?
English

다. 그것도 외국인이 그들의 말을 배우는 실력보다도 훨씬 더 잘 배울 수 있다고 말입니다. 가령 독일인이 한국말을 배운다면 한국인이 한국어를 배우는 것보다도 오히려 더 빨리 그리고 잘 익힌다는 겁니다. 말도 안 되는 주장이지요.

모국어에 대한 과장된 찬사는 프랑스나 이탈리아나 독일에만 있었던 것이 아닙니다. 영국인 토마스 바빙턴 메콜리는 영국 식민지였던 인도에서 사람들이 절대 인도어를 사용하지 못하도록 하자고 주장했습니다. 인도어보다 영어가 훨씬 더 우수한 언어라는 이유 때문이었습니다. 즉, 정복자 나라의 언어여서뿐만이 아니라 영어는 그 자체로 세상에서 가장 우수한 언어이기 때문이라는 것입니다. 그는 "현재 영어로 기록되는 문학은 세상의 모든 언어가 300년 동안 써 온 문학들을 전부 합한 것보다도 훨씬 큰 가치가 있다."라고 주장했습니다.

:: 거만함이 하늘 높은 줄을 모르다

과거의 언어학자들은 다른 나라의 언어를 조롱하는 일이라면 너도나도 발 벗고 나섰습니다. 무엇보다도 새롭게 발견된 민족의 언어들에 대해서 그들은 완전히 몰지각한 태도를 보였습니다. 독일 언어학자 요한 테텐스는 아메리카 대륙 원주민들의 의사소통 방법에 대해 머리를 절레절레 흔들었습니다. 1772년에 그는 다음과 같이 썼습니다.

"아메리카 대륙에는 여러 민족이 사는데 그들의 언어는 너무도 단순해서 고작해야 순간적으로 인지된 사물들이나 그들의 거칠고 단순한 삶의 행동들을 나타낼 수 있을 뿐이다. 야생 민족의 비문명화되고 비이성적인 언어가 문명화된 언어보다 훨씬 적은 표현의 가능성을 가질 수밖에 없다는 사실은 더 이상 그럴듯한 논리가 아니라 절대적인 사실이다. 언어의 다른 모든 특성도 그렇지만 특히 표현의 폭은 이성의 크기에 따라 좌우된다."

언어학자들이 19세기 후반 객관적인 방법으로 언어를 연구하기 시작한 후로 그들은 곧 우수 언어를 가려내는 일을 중단했습니다. 더 높은 수준이나 더 낮은 수준의 언어가 있다는 생각이 아무런 의미가 없다는 것을 깨달았기 때문입니다.

:: 여러 언어의 개별적 특성

여러 가지 언어의 개별적인 특성을 비교할 수는 있습니다. 예를 들어 다른 언어들과 비교했을 때 러시아어에서는 명사가 가장 많은 격으로 활용된다는 것은 이미 널리 알려진 사실입니다. 러시아 사람들은 명사를 여섯 가지 격으로 활용할 수 있습니다. 독일어는 네 가지로 이탈리아어나 스페인어는 아예 격을 따로 표시하지 않고도 사용할 수 있지요. 하지만 그렇다고 해서 우리가 러시아어를 가장 우수한 언어로 혹은 이탈리아어보다 더 어려운 언어로 볼 수 있을까요?

또는 '우수 언어 선발대회'를 위해서 각 언어가 가진 음가의 숫자를 비교할 수도 있습니다. 아프리카 남부 부시맨의 '!쿵(이때 !는 혀 차는 소리를 나타냄)' 언어에는 141가지의 소리가 들어 있고 그중 상당수는 똑딱똑딱하는 소리나 츳츳 하고 혀를 차는 소리입니다. 그런가 하면 파푸아뉴기니의 로토카스어는 11개의 소리만을 가지고서 단어를 만듭니다. 독일어는 총 38개의 소리를 가지고 있습니다. 한국어에는 자음 19가지 모음 21가지 총 40개의 음소가 있지요.

뿐만 아니라 단어의 양으로도 언어를 비교할 수 있습니다. 언어 중에서 영어가 단연 많은 단어를 가지고 있습니다. 세는 방법에 따라 조금씩 다르지만 약 60만 개에서 80만 개가 있다고 합니다. 독일어는 영어와 비교하면 훨씬 적은 단어를 가지고 있습니다. 약 30만 개에서 50만 개라고 알려져 있습니다. 프랑스어에는 10만 개 정도의 단어가 있습니다. 하지만 역시 그렇다고 해서 프랑스어를 '단순한' 언어라고 부를 수 있을까요?

한 언어가 이론적으로 포함할 수 있는 단어의 개수는 일상생활에서는 거의 의미가 없습니다. 학식이 높은 교수님조차 그 많은 단어 중 아주 작은 일부분이라도 다 사용하지 못하니까요. 아니, 오히려 어떤 문서라도 200개 정도의 단어만 있으면 충분히 표현이 가능합니다. 모든 사람은 각자의 언어로 일상생활을 하는 동안 약 400~800개의 단어를 사용합니다. 누군가 2,000개의 단어를 알고 있다면 모든 상황에 맞는 언어를 능숙하게 구사할 수 있다고 합니다. 카푸치노 커피를 주문하는 상황이든 애인과 헤어지는 상황이든 말이죠.

따라서 이제는 언어를 진지하게 다루고자 하는 사람이라면 하나의 특정한 표현 방법이 더 가치 있다거나 다른 언어들이 덜 우수하다는 식의 평가를 내리지 않습니다. 영국의 언어학자 데이비드 크리스털은 오늘날의 일반적인 의견을 요약해서 담담하게 이렇게 말했습니다.

"어떤 특정한 언어가 다른 언어보다 우월하다는 믿음은 세계 도처에 퍼져 있지만 학문적으로 볼 때 아무런 근거가 없는 생각일 뿐입니다!"

다른 언어의 영향으로부터 자유로울 수 있을까?

순수 언어란 존재할 수 없습니다. 문물이 교류되는 한 그 문물과 더불어 어휘들도 교류되기 때문입니다. 영어가 이웃한 나라 언어들의 영향을 받으면서 변해 온 것처럼, 한국어는 이웃나라 언어들과 영향을 주고받으면서 변해 온 것입니다.

07

●●● **한국어는** 정말 '한국말' 로만 이루어졌을까요? 물론 아닙니다.

나는 아침에 토스트를 먹고 버스를 타고 스쿨에 가서 잉글리시, 뮤직을 가르치고 런치를 먹은 후 다시 스터디를 한 후 커피숍에서 에스프레소를 마신 후 디파트먼트에 가서 그로서리를 좀 산 후, 버스데이 기프트를 사고, 치즈 케이크 한 조각을 사먹은 후 서브웨이로 집에 와서 텔레비전을 본다.

아마도 이 말을 못 알아듣는 사람은 별로 없을 것입니다. 여기

쓰인 외국어 열네 단어는 한국어로 바꾸어도 되지만 지금처럼 수입된 영어로 사용해도 이해하는 데 별 어려움이 없어 보입니다. 그만큼 한국어 속에 녹아 들어온 외래어가 많다는 것이죠. 그뿐만이 아닙니다. 1919년 3·1운동 때 쓰여진 기미독립선언서를 봅시다.

丙子修好條規(병자수호 조규) 以來(이래) 時時 種種(시시종종)의 金石盟約(금석 맹약)을 食(식)하얏다 하야 日本(일본)의 無信(무신)을 罪(죄)하려 안이 하노라. 學者(학자)는 講壇(강단)에서, 政治家(정치가)는 實際(실제)에서, 我(아) 文化民族(문화 민족)을 土昧人遇(토매인우)하야, 한갓 征服者(정복자)의 快(쾌)를 貪(탐)할 쑨이오, 我(아)의 久遠(구원)한 社會基礎(사회 기초)를 無視(무시)한다 하야 日本(일본)의 少義(소의)함을 責(책)하려 안이 하노라……

여러분은 굳이 읽으려고 애쓸 필요는 없습니다. 필자 자신도 읽기 어려운 한자어로 가득한 이 독립선언서를 현대 한국어로 풀어보면 다음과 같습니다.

(우리는) 일본이 병자수호조약 이후 때때로 굳게 맺은 갖가지 약속을 배반한 데 대해 일본의 신의 없음을 단죄하려는 것이 아니다. 일본의 학자들은 강단에서, 정치가는 실제에서, 우리 조선의 옛 왕조 대대로 물려 내려온 업적을 식민지의 것으로 보고, 문화 민족인 우리

를 야만족같이 대우하며, 다만 정복자의 쾌감을 탐할 뿐이요, 우리의 오랜 사회 기초와 뛰어난 민족의 성품을 무시한다 해서 일본의 의리 없음을 꾸짖으려는 것도 아니다⋯⋯.

현대어로 풀어 놓은 기미독립선언서에도 여전히 한자어가 가득 차 있음을 알 수 있습니다. 얼핏 보면 조사나 어미를 제외하고는 중요 단어는 모두 한자어로 구성되어 있습니다.

일단 한국어 속에 이렇게 한자어와 영어가 많이 들어와 있다는 사실을 인식하고 이야기를 시작하지요. 그리고 일제강점기 36년 동안 이루어진 일본어의 침투도 무시할 수 없을 정도로 많다는 사실을 기억해야 합니다. 그뿐인가요? 고려 시대를 통틀어 오랜 세월 몽골어가 한국말에 스며들어 왔다는 사실도 있습니다.

이렇게 보면 한국어는 생각만큼 그렇게 순수하지 않습니다. 단일민족, 단일 언어라고 말할 때, 단일 언어란 말은 적어도 어휘 면에서는 적용되지 않습니다. 물론 외래어 어휘가 아무리 많이 들어와도 한국어는 한국어일 뿐, 그것이 영어나 일본어와 비슷해지지는 않지요. 그런 면에서 우리가 외래어의 영향이라고 말하는 것은 오로지 어휘 측면에서뿐입니다.

:: 순수 언어란 존재할 수 없다

어휘는 문화를 반영하는 것이므로 늘 변하고, 외래어의 영향을 받고, 새로운 어휘가 생겨나기도 합니다. 컴퓨터가 만들어지기 전에는 컴퓨터라는 단어가 존재하지 않았습니다. 축구가 도입되기 전에는 벌칙차기라든가, 핸들링 반칙이라든가 하는 용어들이 사용되지 않았지요. 그러므로 어휘만큼 끊임없이 외래 문물과 상호작

용하면서 변해 오는 것도 찾기 힘듭니다. 발음이나 구조는 상대적으로 외래어의 영향을 덜 받거나, 받지 않는다고 볼 수 있습니다. 그러나 어휘는 사물의 이름을 나타내는 것이 많기 때문에 문화 교류와 밀접한 관련이 있습니다.

한국어만 그런 것은 아닙니다. 영어는 한국어보다도 훨씬 오랜 기간을 외국어의 영향 아래 있었습니다. 449년에 앵글로색슨족이 영국 섬으로 이주한 이후 지금까지 약 1,500여 년 동안 많은 외래어가 영어에 영향을 주어 왔습니다. 특히 11세기부터 약 300년 동안은 프랑스가 영국을 지배하면서 상류층은 프랑스어를 사용하고, 하류층만이 영어를 유지했습니다. 한국인이 일제 36년의 지배를 받은 것과 비교하면 영어는 열 배가 넘는 기간 동안 프랑스어의 지배를 받은 셈이지요. 그리하여 학술, 법률, 정치, 경제, 예술, 요리 등 전 분야에 걸쳐 프랑스어 어휘들이 도입되었습니다. 영어 어휘의 약 70퍼센트가 프랑스어, 라틴어 등의 외래어로 구성되었다고 합니다. 지금 영어라고 불리는 어휘들 중 father, mother, one, two, oak, tree 등 기본어휘를 제외하고는 대부분이 외래어입니다. school, law, beef 등 거의 생각할 수 있는 모든 어휘가 외래어 출신이지요.

다시 말해 순수 언어란 존재할 수 없습니다. 문물이 교류되는 한 그 문물과 더불어 어휘들도 교류되기 때문입니다. 영어가 이웃한 나라 언어들의 영향을 받으면서 변해 온 것처럼, 한국어는 이웃나라 언어들과 영향을 주고받으면서 변해 온 것입니다.

:: 고유어와 외래어 구분의 모호성

　그렇다면 한국어의 외래어들은 그대로 두고 사용해야 할까요? 아니면 외래어들을 모두 골라내고 순수 한국어를 보존해야 할까요? 언어학적 입장에서 볼 때, 적어도 모든 외래어를 골라내 제거하는 것은 불가능합니다. 아니, 외래어와 순수한 한국어를 구분하는 것조차 가능하지 않습니다. 다만 우리의 기억에 남아 있는 외래어들을 한국 고유의 단어로 대체하는 노력을 기울일 수는 있을 것입니다. 그러나 모든 외래어를 제거하는 것은 불가능하지요.

　앞에서 제시한 인용문을 순수 한국말로 대체한다고 가정해 봅시다.

　　나는 아침에 빵을 먹고 구루마를 타고 학교에 가서 영어, 음악을 가르치고 점심을 먹은 후 다시 공부를 한 후 커피가게에서 에스프레소를 마신 후 백화점에 가서 채소를 좀 산 후, 생일 선물을 사고, 치즈빵 한 조각을 사먹은 후 지하철로 집에 와서 텔레비전을 본다.

　아무리 바꾸어 보아도 외래어가 줄어들었다고 느껴지지는 않습니다. 몇 단어가 한자어로 대체되었을 뿐입니다. 게다가 '버스'를 '구루마'로 대체하는 것이 적절한지도 의문입니다. '버스'를 대체할 고유어가 없을 뿐 아니라 한자어도 적절한 것이 없지요. 치즈 케이크도 옮길 만한 어휘가 없기는 마찬가지입니다. 이러한 현상은 자연과학이나 종교 등 전문 분야로 갈수록 더욱 두드러집니다.

그렇다면 한국어에 있어 한자어는 외래어일까요? 이에 대한 학자들의 견해는 엇갈립니다. 한자어는 한국 문화의 일부이므로 한국말이라는 주장이 있는가 하면, 한자어는 중국의 어휘들이 들어온 것이므로 외래어라는 것입니다.

한국말이든 외래어든, 한자어가 한국어의 고유 어휘가 아닌 것은 분명합니다. 다시 말해, 한자어는 옛날에 들어온 외래어이고, 영어는 최근에 들어온 외래어 혹은 외국어인 것이죠. 백년이 지난 후 한국의 후손들이 여전히 영어 외래어를 사용한다면, 그들도 영어 외래어를 한국어의 일부로 볼까요? 아니면 외래어로 간주할까요? 천 년 전에 조상들은 한자어를 자국어로 인식했을까요? 아니면 외국어나 외래어로 간주했을까요?

외래어의 영향을 제거하려는 사람들을 순수주의자라 부릅니다. 언어의 순수성을 지키고 외래어의 영향을 없애려는 사람들이죠. 언어의 순수성을 지킨다는 것은 불가능할 뿐 아니라 바람직하다고 할 수도 없습니다. 지금처럼 지구촌이 하나가 되어 문물과 문명이 교류되는 상황에서는 고유어만으로 사물의 이름을 나타낼 수는 없기 때문입니다. 텔레비전을 순 한국말로 어떻게 부를 수 있을까요? 중국에서는 전뇌(電腦)라고 하는데, 우리가 그렇게 부를 필요는 없을 것입니다. 결국 텔레비전을 부를 고유한 한국어가 없는 셈입니다. 당연한 이야기지만, 텔레비전은 외국에서 도입된 사물이므로 한국의 고유어로 된 명칭은 있을 수가 없습니다.

:: 언어적 애국주의자

그럼에도 불구하고, 많은 사람이 외래어를 쓰지 말고 아름다운 고유어를 살려 쓰자고 주장합니다. 이런 사람들을 언어적 애국주의자라고 부릅시다. 기왕이면 영어나 중국어보다는 순수 한국어를 사용하는 것이 당연하니까요. 점심이란 말이 있는데 굳이 런치란 영어를 사용할 필요는 없습니다. 굳이 사용한다면, 그는 분명 자신의 학식을 과시하거나 별다른 문화적 배경을 드러내려는 욕망의 희생자일 것입니다.

이러한 애국주의적 태도는 한국 사회에서 심심치 않게 되풀이된 한글전용 운동과도 밀접하게 관련 있습니다. '한글전용'이란 넓은 의미로는 모든 어휘를 한국어로 바꾸어 사용하는 것을 의미하며 정확하게 말하면 한자를 배격하고 한글을 사용하는 것을 의미합니다. 1948년 10월 9일 '한글전용에 관한 법률'이 공포된 이후 한글전용정책이 꾸준히 유지되었고, 1988년에는 한글만을 사용하는 「한겨레신문」이 창간됩니다. 한글전용 운동은 일본 제국주의의 한글말살 정책에 대항한 애국 운동으로 간주되어 폭넓은 지지를 받기도 했습니다.

그러나 유럽에서 사용하지도 않는 라틴어를 초등학생에게도 가르치는 것을 볼 때 아시아 문화권의 라틴어와 같은 역할을 하는 한자어를 배격한다는 것은 과도한 지적 퇴보임에 틀림없습니다. 한글전용 정책에 반대 입장을 가진, 한자혼용론을 주장하는 진영과의 논쟁은 아직도 끝난 것이 아닙니다. 1999년 문화관광부(현 문화체육관광부)가 한자병용 추진 방안을 발표하며 논란은 더욱 거세졌고 인터넷상에서도 한글 운동과 혼용론자들의 대립은 끝날 줄을 모르고 있습니다. 최근에는 오히려 한자 조기교육 실시에 관한 문제가 논의되고, 한자능력 검정시험이 전국을 휩쓰는 반대 현상이 나타나기도 합니다.

관보에 한글이 쓰이기 시작한 갑오개혁을 전후하여 한글이 전면에 등장하기 시작하면서 국가의 공문서에서도 한글이 자리를 차지한 것은 문자 생활의 큰 소득이었음에 틀림없습니다. 당시는 한자와 한글이 혼용된 글이 관보에 쓰이기 시작했습니다.

고종 32년인 1895년에는 "법률명령은 다 국문으로써 본을 삼고 한역을 붙이며, 혹 국한문을 혼용함."이란 칙령을 내렸고, 한글은 비로소 역사의 표면에 떠오르게 되었습니다. 이 역사적 큰 전환기의 선구자는 유길준으로, 그는 기행문 『서유견문』을 다음의 예처럼 국한문 혼용으로 지었습니다.

地球 吾人이 住居 世界니亦遊星의一이라.

지금 시각으로 보면 이상하게 보일지도 모르지만, 당시로서는 혁명적 사건이었지요. 이전에는 모름지기 학자란 반드시 한문으로 저술을 해야 하는 것으로 인식되었기 때문입니다.

고종 32년 서재필 등이 중심이 되어 한글신문인 「독립신문」이 발간됩니다. 「독립신문」은 한국의 최초 민간 신문이라는 점뿐 아니라, 순 한글로만 되어 있다는 점에서 한글과 한국어 발전에 한 획을 긋는 사건이었습니다. 유길준, 서재필, 주시경 등 선각자에 의해 창도된, 말과 글에 대한 수호 노력은 그 뒤까지 큰 영향을 미치게 되어 일제강점기에 갖은 탄압 속에서도 한국어와 한글이 살아남게 되었습니다.

또 이러한 노력은 주시경 등을 중심으로 한 '조선어학회'의 창립으로 이어지면서 후대 '한글학회'의 기초를 다지게 됩니다. 조선어학회에서는 곧이어 표준말 제정에 착수하여, 1936년에는 사전 편찬 일을 학회에서 맡음과 동시에 그해 10월에 '표준말 모음'을 발표하는 한편, 1933년에 「한글맞춤법통일안」을 공포하였고, 1941년에는 외래어를 표기하는 방법을 연구하여 그 통일안을 발

24
OPEN
내가사게
돈게돈락

표했습니다.

한국어와 한글에 대한 한민족의 자부심과 사랑은 전 세계적으로 유명합니다. 그에 못지않게 자국어 사랑으로 유명한 프랑스 사람들은 영어를 배척하고 프랑스어를 애용하는 것을 심지어 법으로 정하기까지 했습니다. 영어 '핫도그(hotdog)'를 글자 그대로 번역한 프랑스어를 만들어 낼 정도였죠. 그러나 프랑스의 보통 사람들은 그러한 식자층의 노력을 도외시하고 영어인 '핫도그'를 그대로 사용함으로써 과도한 애국주의를 거부하였습니다. 프랑스어에서 외래어의 영향을 제거하려는 애국주의자들의 노력은 종종 실패로 돌아가고 있지요. 이러한 경향은 언어 사용의 편의를 추구하는 사람들의 본성에서 오는 것이 아닐까요.

:: **고유어와 외래어의 조화**

모든 극단적 태도가 그렇듯이 언어적 애국주의도 과도할 경우 오히려 해가 됩니다. 과도한 규제나 강제보다는 언어 사용자들인 언중이 지지하는 한도 내에서 애국주의가 발휘되어야 합니다.

북한은 많은 외래어와 외국어 어휘들을 고유어로 바꾸려고 노력했습니다. 그러나 때로는 언중이 그러한 시도를 따르지 않아서 많은 신조어들이 사장되기도 합니다. 한 예로 북한에서 아이스크림을 ‘얼음 보숭이’로 고쳐 놓았지만, 일반 사람들은 여전히 ‘아이스 크림’을 사용함으로써 신조어 ‘얼음 보숭이’는 사라지고 있지요.

한글과 외래어를 적절히 조합함으로써 재미있는 언어적 효과를 내기도 합니다. 간판 제목에 반영된 것을 볼 수 있는데 ‘내가사케’라는 일본식 술집, ‘Mr. 닭터’라는 치킨 집, ‘돈거돈락’이라는 삼겹살 집 등이 그렇습니다. 한국말 같으면서도 또한 외래어 같은 이러한 상호들은 이색적이며 독창적인 광고 카피의 전형적인 예입니다.

과도한 외래어 남용은 배격되어야 하지만, 모든 외래어를 제거하려는 노력도 무모하다고 할 수 있습니다. 가능하다면 아름다운 고유어를 살려 쓰되, 불가피한 경우에는 외래어를 도입함으로써 한국어의 표현력을 신장시키는 것이 필요합니다. 언어의 존재 의의가 인간의 표현 욕구를 충족시키는 것이라는 사실을 생각할 때, 굳이 순수 한국말이냐 외래어냐 하는 것을 구분할 필요는 없습니다. 표현력을 높이면서 자국어의 아름다움을 추구할 수 있다면 약간의 외래어를 섞어 사용하는 것은 해롭지 않아 보입니다.

인간은 언제부터
글을 쓰기 시작했을까?

이집트인들은 상형문자를 만듦으로써 역사상 엄청나게 중요한 발걸음을 내딛었습니다. 생각과 언어를 기록하여 오래도록 붙들어 두기 시작한 것입니다.

08

　　●●● 한 영화 장면에 위대한 마술가가 등장합
니다. 1991년 개봉한 영화 〈블랙 로브〉 속의 인디언 추장은 프랑스
인 선교사를 보고 마술사일 거라고 생각합니다. 후론족의 인디언
들이 검은 사제복을 입은 남자가 다른 사람들과 말을 나누지 않고
도 생각을 전달하는 것을 보았기 때문입니다. 말을 하지 않는 언어
가 있다니! 그들은 의심의 여지없이 이 프랑스 선교사들을 마술사
라고 여겼습니다.

　멀리 바다 저편에서 건너온 남자들을 보자면 별달리 신통한 일
을 한 것이 아니었습니다. 그들은 서로 종이쪽지를 전달했는데, 그
중 한 사람이 그 쪽지에 선이나 곡선, 원이나 점들을 그려 넣었을

뿐이며, 다른 한 사람은 그것을 보며 그가 말하려는 것을 이해했습니다. 하지만 글자나 문자라는 것에 대해 한 번도 들어 본 적이 없는 북아메리카의 인디언들에게는 이런 일들이 순전히 마술인 것처럼 보였던 거지요.

오늘날 전 세계의 나라에서 문자는 이미 평범한 일상생활에 속합니다. 많은 사람이 읽지 못하고 쓰지 못하는 문맹 지역이라 할지라도 마찬가지입니다. 글자가 없다면 현대사회는 도저히 그 기능을 발휘할 수가 없지요. 물론 글자는 인류 역사에서 비교적 최근의 발명품입니다. 하지만 이것은 인간 문화에서 가장 중요한 발명이거나 아니면 적어도 바퀴나 불만큼이나 중요한 발명품입니다.

그런데 글자가 만들어지기까지의 최초의 발걸음은 오랜 시간 알려지지 않은 채 망각 속에 묻혀 있었습니다. 몇 천 년 전 과거가 남긴 최초의 문자기록을 해독하려는 움직임은 19세기와 20세기에 들어와서야 일어납니다. 언어학자들은 오로지 그러한 해독 과정을 통해서만 문자가 생겨났던 시대의 인간의 모습을 그려 볼 수 있었지요.

:: 사막에서의 중요한 발견

인류 역사상 가장 오래된 문자는 몇 백 년간 풀리지 않는 수수께끼로 남아 있었습니다. 바로 이집트의 상형문자입니다. 나일 강변에 모여 살았던 인간들은 약 5,400년 전부터 돌을 쪼아 기호를 새겨 넣거나 파피루스에 그림을 그려 넣었습니다. 그것은 단순한 그림 이상의 내용을 담고 있는데, 상형문자는 물론 무당벌레, 배, 손, 눈과 같은 많은 작은 그림이었습니다. 그러한 상형문자를 해독하려고 시도하는 사람은 누구나 처음에는 '남자 ─ 눈 ─ 무당벌레'의 기호가 그려져 있으므로 "한 남자가 무당벌레를 본다."라고 해석하지만 곧 그 문장이 뭔가 더 많은 의미를 담고 있음을 알게 됩니다.

몇 백 년에 걸쳐 남아 있던 수수께끼가 마침내 풀리기 시작한 것은 1799년 프랑스의 병사들이 로제타라고 불렀던 이집트 근처 한 도시에서 큰 바위를 발견한 때였습니다. 검은색이며 평평한 이 화강암 바위는 높이 1.14미터, 너비 72센티미터, 두께 28센티미터의 크기를 가지고 있었고, 열 명의 성인 남자들과 맞먹는 무게를 지녔습니다. 이 엄청난 돌은 곧 역사적으로 의미가 큰 문서 기록임이 밝혀졌습니다. 앞면에는 일종의 비문이 새겨져 있는데 세 가지 방법으로 쓴 글씨들입니다. 즉, 예전 시대의 상형문자와 조금 더 간략하게 변모한 이른바 이집트 민중문자 그리고 그리스어였지요.

세 가지 문자로 써진 글들은 모두 똑같은 내용의 기록임이 분명했습니다. 그로써 고대 이집트 상형문자의 해독은 이제 손에 잡힐 듯 가까워졌습니다. 당시 모든 학자가 그리스어를 어느 정도는 터득하고 있었기 때문입니다. 그러므로 이젠 상형문자에서 어떤 그림이 그리스어의 어떤 단어와 상응하는가만 살펴보면 되고, 그럴 경우 상형문자를 마침내 해독할 수 있는 것입니다.

그러나 일이 그렇게 빨리 진행되지는 않았습니다. 왜냐하면 상형문자의 모든 그림이 각각 단어를 나타내는 것이 아니라 개중에 어떤 것은 음절을 나타내기도 하고 또 어떤 것은 자음이나 모음 하나만을 나타냈기 때문이지요. 그래서 상형문자가 정확히 무엇을 의미하는지는 계속해서 오랫동안 풀리지 않은 문제로 남았습니다.

로제타석. 1799년에 발견된 이 암석은 이집트의 상형문자를 해독하는 결정적 열쇠가 되었습니다.

:: 열정적인 연구자

그 후에도 연구자들은 끈질기게 이 일에 몰두했습니다. 그리고 상형문자의 해독을 위해 두 번째로 한 걸음 더 앞으로 나아간 사건이 있었습니다. 한 프랑스 청년이 로제타석을 진지하게 조사한 것입니다. 장 프랑수아 샹폴리옹이라는 이 청년은 1790년에 태어나 아홉 살 때부터 라틴어로 된 고대 서적을 읽었습니다. 그는 청년 때부터 고대 이집트 문화에 혼신을 불태웠습니다. 그리고 언젠가 상형문자의 수수께끼를 꼭 풀겠다는 목표를 세웁니다.

로제타석에 새겨진 기록은 샹폴리옹에게 아주 큰 도움이 되었습니다. 그와 동시에 그는 고대 이집트의 오벨리스크에 새겨진 비문을 연구하기도 하고 로제타석과도 비교해 보았습니다. 그전에 다른 언어학자들이 이미 발견한 사실이 한 가지 있는데, 이 돌기둥에 새겨진 상형문자 기록에서 특정 글자들이 타원형으로 둘러쳐져 있다는 것입니다. 곧 사람들은 이 '깔뚜슈(타원형의 테두리)'로 둘러쳐진 글자가 왕들의 이름이 아닐까 하는 의심을 가지게 됩니다.

그로써 로제타석 중 그리스어로 된 문서에 자주 등장하는 왕의 이름 '프톨레마이오스'가 바로 그 상형문자의 깔뚜슈 속에 든 글자임이 밝혀집니다. 이 추측을 바탕으로 하여 샹폴리옹은 로제타석의 상형문자에서 '프톨레마이오스' 왕의 이름 옆에 함께 있던 '클레오파트라' 여왕을 나타내는 글자 역시 알아냈습니다. 이러한 비교분석을 통해 상폴리옹은 상형문자 각각의 그림마다 전부 단어나 생각을 나타내는 것이 아니라 단순한 음가를 나타내기도 한다는 것을 알았지요. 예를 들어 네모난 모양은 'P', 누워 있는 사자 모양의 글자는 'L'을 나타냈습니다. 고대 이집트인들은 적어도 외국어를 표기할 때만큼은 이러한 방법을 사용했지요.

이러한 발견을 토대로 상폴리옹은 계속 연구를 해 나갑니다. 그는 상형문자의 비밀을 조금씩 벗겨 내기 시작합니다. 그 비밀이란 글자마다 그 기능이 다르다는 것이었죠. 즉, 상형문자 중 어떤 그림들은 직접적으로 하나의 개념을 나타냅니다. 예를 들어 눈 모양을 본뜬 그림은 '눈'을 나타냅니다. 하지만 그 그림들은 간접적으로 다른 무엇인가를 나타낼 수도 있습니다. 예를 들어 꼬부라진 막대기는 '군주'를 나타냅니다. 고대 이집트의 파라오가 나중에 유럽의 왕들이 왕 홀을 들고 있던 것과 마찬가지로 왕의 상징물로서 그런 꼬부라진 모양의 막대기를 들고 있었기 때문이지요. 상형문자의 그림문자가 가진 세 번째 기능은 낱낱의 음가를 나타내기도 했다는 것입니다. 예를 들어 빵 한 덩어리를 나타내는 반원 모양의 그림은 'T'라는 음가를 표시합니다. 마지막으로 상형문자는 다른 상형문자를 좀 더 정확하게 표현하는 데도 사용되었습니다. 이른바 '한정부' 또는 '결정문자'라고 불리는 이 글자들은 팔처럼 생긴 상형문자가 실제로 팔을 나타내는지 아니면 다른 것을 나타내는지를 알려 주었습니다.

고대 이집트인들의 상형문자는 아무나 쉽게 읽거나 쓸 수 있는 문자가 아니었습니다. 이 문자는 빨리빨리 무엇인가를 적어 소식을 전하는 데는 적합하지 않았습니다. 상형문자는 애초에 다른 목적으로 만들어진 거지요. 왕들의 업적을 공식적인 비문에 남겨 기리는 것, 혹은 파피루스 두루마리에 종교적인 교리를 적어 기록하는 것이 그 목적이었습니다.

그렇지만 이집트인들은 상형문자를 만듦으로써 역사상 엄청나게 중요한 발걸음을 내딛었습니다. 생각과 언어를 기록하여 오래

도록 붙들어 두
기 시작한 것입
니다. 그전 시
대에는 생각과
언어란 입술 사
이로 나오자마
자 그대로 다
날아가 버리고

이집트인들은 왕의 업적을 기리기 위해 상형문자를 고안해 냈습니다.

마는 것들이었습니다.

이집트 사람들은 문자가 일상생활을 위해서도, 특히 사업을 운용할 때 매우 유용하다는 것을 곧 알게 되었습니다. 매번 그림을 그리며 번거롭게 글씨를 쓰지 않기 위해서 그들은 단순화된 상형문자를 개발해 빨리빨리 기록하기 시작합니다. 이른바 이집트 '신관문자'입니다. 그렇게 해서 수천 년 전 나일 강 주변에 살았던 사람들은 문자를 탄생시켰고 그 문자로 책을 쓰게 되는 역사의 첫 디딤돌을 놓았던 것입니다.

:: 토기판 위에 쓴 책

이집트 외에 근동아시아 지역에서도 글자가 매우 빠른 속도로 그림으로부터 분리되었다는 사실이 드러났습니다. 5,000년 전에 오늘날 이라크에 해당하는 지역에 수메르 민족이 정착했습니다. 그들은 주로 부지런한 장사꾼이나 무역상이었지요. 그들은 자신들의 거래를 좀 더 잘 운영하기 위해 이집트인들이 상형문자를 만들던 때와 거의 동시에 자신들만의 표현방식을 개발하기 시작합니다. 바로 설형문자, 즉 '쐐기문자' 입니다.

쐐기문자란 각각의 글자들이 쐐기 모양의 선들로 이루어졌기 때문에 붙여진 이름입니다. 수메르인들은 말랑말랑한 토기판 위에 뾰족한 나무 막대기로 긁으며 글자를 새겨 넣었습니다. 그러고 나서 그 토기판을 딱딱하게 건조시키면 오래도록 보존이 가능한 기록문서가 되었지요.

수메르인들 역시 맨 처음엔 세상에 있는 실제 사물의 모양을 본떠서 글자를 만들었습니다. 그 후 '쐐기그림 그리기'는 사물을 알아볼 수 있는 그림의 형태를 매우 빠른 속도로 탈피해 갔습니다.

동시에 수메르인들은 그 문자를 가지고 더 이상 하나의 단어를 통째로 표시하지 않고 'tug'이나 'an'과 같은 음절을 나타내는 데에 사용하기 시작했습니다. 이 지역의 다른 민족들도 수메르인의 발명품이 얼마나 쓸모가 있는지 곧 깨닫게 되었죠. 그래서 곧 바빌로니아인과 아시리아인도 이 쐐기문자를 물려받아 그들 나름대로 발전시킵니다. 토기판에 나무 펜촉으로 글을 쓰는 방법은 대략

3,000년간 지속됩니다. 예수가 탄생하던 시대에 이르러서야 이 방법은 사라졌으며 좀 더 쉬운 글쓰기 체계로 바뀌게 되지요.

표 11_ 쐐기문자의 발달 단계

발달 단계				의미
1	2	3	4	
				별, 신, 하늘, 위 또는 'an'이라는 음절을 나타냄
				신, 땅, 'kutmat' 혹은 'schad' 등의 음절
				물, 'a'를 나타냄
				물고기, 'cha'라는 음절
				소(뿔 달린 소를 정면에서 본 모양)
				산에 사는 소 = 들소, 'am'이라는 음절
				발, 가다, 서다, 'du' 또는 'gub'의 음절
				발바닥 = 기초, 근간
				수염이 있는 두상, 'sag', 'resch'의 음절
				머리 중의 입 = 입, 'ka'라는 음절
				입과 물 = 마시다, 'ka'라는 음절
				도끼
				치마 혹은 원피스, 'tug'라는 음절
				신전(복도), 집

:: 알파벳의 발명

어떤 사람에게 좋은 아이디어가 떠오를 때마다 인류 역사에서 늘 생기곤 했던 일이 곧 일어났습니다. 직접 발명을 하지 않은 사람들이 남의 아이디어를 가져다가 더 새롭게 발전시키는 것입니다. 그렇게 해서 오늘날 레바논과 이스라엘 지역에 살던 사람들은 이웃 나라의 문자를 보고 영감을 받았습니다. 특히 페니키아인이 가장 활발했지요.

장사술이 뛰어났던 이 민족은 새로운 변화를 만들어 냈습니다. 즉, 페니키아 사람들이 발전시킨 문자는 단어나 음절을 통째로 나타낸 것이 아니라 낱낱의 음운을 나타냈습니다. 페니키아 문자는 하나의 단점을 가지고 있었는데, 아, 에, 이, 오, 우와 같은 모음을 나타낼 수 없다는 것입니다. 왜냐하면 그들은 모음은 없어도 좋다고 생각했으니까요.

페니키아인의 생각은 다시금 그들의 이웃 그리스인을 매료시킵니다. 오히려 그리스인은 문자에 모음을 표시하면 훨씬 읽기가 쉽다는 것을 발견합니다. 그래서 그들은 한 걸음 더 나아갑니다. 그들은 페니키아인이 자음이나 근동아시아의 후음을 표시하기 위해 사용했던 글자를 가지고 완전한 음가를 갖춘 모음을 만들어 문자의 체계를 완성하지요.

그리하여 그리스는 페니키아에서 ‘Alef’라고 쓰고 조금은 기침

페니키아어	페니키아어 이름	현대의 표기법	고대 그리스어 전기	고전 그리스어	그리스어 이름	라틴어 전기	고전 라틴어
(기호)	알레프 ('alef)	'	(기호)	A	알파 (alpha)	(기호)	A
(기호)	베트 (bet)	b	(기호)	B	베타 (beta)		B
(기호)	기멜 (gimel)	g	(기호)	Γ	감마 (gamma)		C
(기호)	달레트 (dalet)	d	△	△	델타 (delta)	(기호)	D
(기호)	헤 (he)	h	(기호)	E	엡 실론 (epsilon)	(기호)	E
(기호)	와우 (waw)	w	(기호)		디 감마 (digamma)	(기호)	F
							G
(기호)	사윈 (sajin)	s	I	Z	체타 (zeta)		
(기호)	체트 (chet)	ch	(기호)	H	에타 (eta)	(기호)	H
(기호)	테트 (tet)	t	⊗	θ	테타 (theta)		
(기호)	요드 (jod)	j	(기호)	I	요타 (jota)	I	I
							(J)
(기호)	카프 (kaf)	K	(기호)	K	카파 (kappa)	(기호)	K
(기호)	라메드 (lamed)	l	(기호)	Λ	람다 (lambda)		L
(기호)	멤 (mem)	m	(기호)	M	뮈 (my)	(기호)	M
(기호)	눈 (nun)	n	(기호)	N	뉘 (ny)	(기호)	N
(기호)	사메크 (samech)	s			크시 (xi)		
(기호)	아윈 (ajin)	'	O	O	오미크론 (omikron)	O	O
(기호)	페 (pe)	p	(기호)	Π	피 (pi)		P

페니키아어		그리스어		라틴어
차데 (zade)	s	사우 (saw)		
코프 (kof)	o	콥파 (qoppa)		Q
레쉬 (resch)	r	로 (rho)		R
신/쉰 (sin/schin)	s/sch	시그마 (sigma)		S
타우 (taw)	t	타우 (tau)		T
		윕실론 (ypsilon)		V
		취 (chi)		X
				Y
		오메가 (omega)		Z

소리처럼 읽던 방식을 더 이상 따르지 않았습니다. 그들은 'a'라는 소리를 넣기 위해 알파벳 하나를 첨가하고 그 알파벳을 '알파(Alpha)'라고 불렀습니다. 이러한 원리를 가지고 그리스인들은 자신들만의 글자 체계를 만들었습니다. 이것이 '알파(α)', '베타(β)'로 시작했으므로 이 글자 체계를 지금까지도 '알파벳'이라고 부르지요.

이제 이탈리아 반도에 살던 사람들도 그리스어의 이런 원리를 매우 쓸모 있게 생각했습니다. 그리하여 에트루리아족과 로마인이 그리스 알파벳을 받아들였고, 이것을 다시금 새롭게 변화시킵니다. 그렇게 해서 오늘날 서양의 책방에서 가장 많이 볼 수 있는 문자 체계가 만들어진 것입니다.

:: 중국어로 말하고 중국어로 쓰고

수천 년 전, 생각과 아이디어를 글자로 적어 남기는 일은 이집트인과 그리스인만 가지고 있던 고도의 문화가 아닙니다. 중국인들은 4,000년 전부터 그에 못지않은 중요한 문자 전통을 가지고 있었습니다. 전 시대의 중국인들이 어떤 간접적인 통로를 통해 이집트와 수메르인들로부터 아이디어를 얻었을 것이라는 추측, 즉 그들이 독창적으로 글자를 발명하지는 않았을 거라는 데 대해서는 의견이 분분합니다. 어쩌면 거꾸로 오리엔트 아시아가 중국으로부터 글자를 받아들여 유럽에 전파했는지도 모릅니다. 어쨌든 중국 사람들 역시 입에서 나오면 사라지고 마는 말을 붙잡아 두기 위해 그림문자를 사용하기 시작했습니다.

중국의 표의문자, 즉 하나의 글자가 한 단어를 통째로 나타내는 문자는 매우 빠른 속도로 발전해 나갔습니다. 글자의 획들이 곧 간략해졌기 때문에 아주 드문 경우에만 그림과의 직접적인 연관을 알아챌 수 있었습니다. 그리고 표의문자의 일부분은 점점 음절문자로 변해 가기도 했습니다. 즉, 모든 글자가 단어 하나씩을 통째로 나타내는 것이 아니라 때로는 오로지 음절만을 나타낸 것입니다. 그런 체계는 중국 언어의 특성과 잘 맞았습니다. 왜냐하면 중국어는 각각의 의미를 뚜렷하게 나타내기 위해서 각기 다른 성조를 첨가하는 음절언어이기 때문입니다. 한국어에서 '네?'라는 질문의 억양을 달리하면 '네!'라는 대답이 되는 이치와 같다고 할 수 있지요.

그에 따라 중국어는 대부분 두 가지 요소로 이루어집니다. 하나

표 13_ 중국인들이 사용한 그림문자

의미	옛날 형태	오늘날 형태
태양	⊙	日
산	⋀	山
들	⊞	田

는 무슨 뜻일지에 관한 대략의 정보입니다. 그리고 또 다른 하나는 발음에 관한 정보입니다. 글을 읽는 사람이 두 가지 요소를 다 관찰한 후에야 무슨 뜻의 글자인지를 알 수 있습니다. 고르게 변하지 않는 높이로 읽는 '마', 즉 '어머니'라는 뜻의 글자는 '여자'를 나타내는 부분과 또 다른 하나의 요소, 즉 발음을 나타내는 표시에 의해 '어머니'라는 단어로 정해집니다. 이런 식으로 '어머니'를 나타내는 '마'는 중국어 중에서 대략 10가지 방법으로 발음되는 모든 종류의 '마'라는 음절 중에서 '대마초', '꾸짖다', '말(망아지)'과 같이 다른 의미를 가진 '마'와 구분되지요.

이러한 방법으로 개념들을 다 기록하려면 분명 많은 수의 글자가 필요할 것입니다. 약 300년 전 중국의 강희제는 사전에 5만 개의 글자를 수록하게 했습니다. 이때가 바로 중국 글자 발전의 전성기였습니다. 오늘날에는 기본단어 2,000~4,000개 정도가 사용되고 있습니다. 하지만 이 비교적 적은 글자를 다 익히는 데만도 많은 시간이 필요합니다. 게다가 대학교를 졸업하기 위해선 대략 1만 개의 글자를 익혀야 하고 교수님들이라면 총 2만 개의 글자를 알아야 하지요.

그래서 라틴어 식의 문자를 중국어에 첨가하자는 제안도 여러 번 있었습니다. 그러나 수천 년간 발전되어 온 문자 체계는 중국 문화를 구성하는 중요한 요소이기 때문에 그러한 계획은 늘 수포로 돌아가곤 했지요. 하지만 지난 수세기 동안 수많은 개혁을 거듭하며 중국어는 점점 더 간략해지는 추세입니다.

:: 세계에서 가장 복잡한 문자 체계

유럽에서만 이웃 나라의 문자를 받아들인 것이 아닙니다. 아시아에서도 그와 똑같은 일이 일어났고 매우 주목할 만한 결과를 낳았습니다. 1,500년 전 일본인들은 중국 문자를 자국으로 들여갔습니다. 그런데 문제가 하나 있었습니다. 중국 문자가 일본어와 맞지 않았던 것입니다. 이에 일본인들은 '간지'라는 이름으로 부르던 복잡한 중국 문자에 부차적인 음절을 첨가해 넣었습니다. 일본인들은 이 음절을 가지고 중국 문자가 무슨 뜻을 가지는지를 나타낼 수 있었지요.

이 '가나'라고 불리는 첨가문자는 다시금 두 갈래로 나뉩니다. 히라가나와 가타카나입니다. 일본어 속엔 라틴어 문자 역시 주기적으로 등장합니다. 예를 들면 'TV'는 일본어로는 '로만지'라고 불립니다. 이러한 혼합성 때문에 일본어의 쓰기 체계는 세계에서 가장 복잡한 것으로 여겨집니다.

그러므로 일본 학생들이 읽고 쓰기를 배우는 데 유럽의 학생들보다 훨씬 더 많은 시간이 걸리는 것도 무리가 아닙니다. 심지어 1950년대에는 학교에서 글자를 배우는 속도가 더 빨라짐에 따라 어린 학생들의 자살률도 함께 늘어났다는 보고가 있을 지경이었죠.

세계에서 가장 복잡한 일본 문자 체계는 경제적으로 중요한 나라가 되는 데 방해되지 않았고 문화적인 면에서도 마찬가지였습니다. 오히려 그 반대였습니다. 언어에 대해 잘 아는 유럽인들의 의견에 따르면 간략한 일본어로 적힌 문서는 대충만 읽어도 그 의미가 잘 이해되는 장점이 있다고 말합니다. 그런 빠른 이해를 위해서 간지가 매우 편리하기 때문이라는 것이지요.

복잡한 언어 체계는 일본 기업이 라틴어 자판을 사용하는 컴퓨터 시장에서 중요한 역할을 담당하는 데에도 전혀 방해가 되지 않았습니다. 소니, 도시바, 후지쯔 등은 그들의 언어를 라틴어로 바꾸어 주는 시스템을 가지고 있습니다. 컴퓨터는 모니터상에서 여러 가지 가능성을 제시하고 그중에 어떤 문자를 선택할 것인지를 묻습니다. 혹은 사무실에서 일하는 사람들은 아예 처음부터 영어를 쓰기도 하지요.

:: 그림으로 글씨 쓰기

아시아의 많은 민족이 아직도 그림에서 출발한 문자를 쓰고 있습니다. 하지만 유럽, 미국, 아프리카, 호주에서 쓰는 알파벳 역시 시초에는 그림이 있었습니다. 어떤 글자의 경우 시초가 되었던 그림을 아직도 볼 수 있지요. 알파벳 A는 페니키아어의 Alef에서 출발하여 그리스의 Alpha를 거쳐 오늘날 유럽의 A에 이르렀습니다.

Alef는 원래 V로 쓰였습니다. 페니키아어 Alef가 원래 '황소'였다는 것을 알고 나면 누구라도 이젠 그 모양에서 양쪽에 뿔이 난 소의 모습을 알아볼 수 있을 것입니다.

A만이 방향을 바꾼 것이 아닙니다. 오늘날 우리가 사용하는 E 역시 예전에는 다른 방향으로 사용되었고 F나 L도 마찬가지였습니다. 여기에는 그럴 만한 간단한 이유가 있습니다. 오랫동안 사람들은 아무 방향으로나 문장을 썼지요. 상형문자는 오른쪽에서 왼쪽으로 혹은 왼쪽에서 오른쪽으로 새겨졌습니다. 고대 그리스어에서도 어떤 글들은 오늘날 아랍어나 히브리어처럼 오른쪽에서 왼쪽으로 써졌습니다. 어느 시기에는 그리스어가 좌우로 왔다 갔다 하며 뱀같이 구불구불하게 써진 적도 있지요. 전문 용어로 그것을 '부스트로페돈(bustrophedon)'이라 부르는데 글자 그대로 해석하면 '소가 밭을 갈며 걸어가는 방향으로' 라는 뜻입니다. 즉, 부스트로페돈으로 써진 글은 왼쪽에서 오른쪽으로 갔다가 그다음 줄에서는 오른쪽에서 왼쪽으로 방향이 바뀌며, 또 그다음 줄들에 가서도 역시 계속해서 왔다 갔다 방향을 바꾸며 써졌던 것입니다. 그때마다 알파벳 모양도 거울에 반사된 것처럼 매번 방향을 바꾸었고 줄이 바뀌면서 또 방향을 바꾸었지요.

이렇게 문장의 방향이 자꾸 바뀌었다는 것을 알고 나면 오늘날 우리가 아는 모양으로 확실히 굳어지기까지 알파벳의 방향이 자주 바뀌었던 현상은 하등 이상할 것이 없습니다. 보통 방향의

문장과 거울 방향의 문장을 자주 바꾸는 현상은 사실 인간의 본
능인지도 모릅니다. 어린아이가 글씨를 배우는 양을 지켜보면 더
더욱 그런 생각이 듭니다. 쓰기와 읽기를 처음 배우는 아이들이
알파벳의 방향을 거꾸로 써 보며 재미있어하는 경우를 흔히 볼
수 있습니다.

알파벳을 마지막으로 발전시킨 사람들은 2,000년 전의 로마인입니다. 그럼에도 불구하고 변화는 계속되었지요. 중세 때에는 다른 어느 곳보다도 수도원에서 수도사들이 글 쓰는 기술을 발전시켰습니다. 그들은 작은 알파벳, 즉 소문자를 만들어 냅니다.

문자가 큰 혁명기를 맞았던 때는 15세기입니다. 요하네스 구텐베르크[10]는 현대 인쇄술의 초석을 마련하지요. 물론 그 이전에도 문서들을 나무판에 새겨서 인쇄하는 방법이 널리 보급되어 있었습니다. 인쇄기가 글자가 새겨진 나무판에 색을 입히고 그 위에 종이를 대고 눌러 판화를 찍어 내며 인쇄하는 방법이었습니다. 하지만 이것은 많은 정성을 요하는 작업이었고 인쇄의 질도 좋지 못했습니다.

1430년대에 구텐베르크는 낱낱의 알파벳을 금속으로 주조하여 어떤 문장이라도 즉석에서 조합하는 형식의 인쇄 방법을 고안해 냅니다. 그는 이런 방법을 계속 개발하고 발전시켜 마침내 서양에서 많은 양질의 책이 인쇄될 수 있었죠. 대중 언론으로서 책의 출판과 신문을 위한 기초를 닦은 발전이었습니다.

이미 그 이전에 중국과 한국에도 이와 비슷한 방법이 있었지만 구텐베르크를 현대 인쇄술을 발명한 사람으로 부릅니다. 왜냐하면

---

10) Johannes Gutenberg (1397~1468) : 독일의 인쇄술 창시자, 근대 활판 인쇄술의 발명자. 1450년경에 인쇄 공장을 만들어 인쇄술을 발전시켰으며 『구텐베르크 성서』를 출판하였습니다.

그는 라틴어 알파벳의 양이 적다는 장점을 이용했기 때문입니다. 그런 이유로 그는 몇 개 되지 않는 알파벳의 활자를 만들어 언제든지 새로운 문서를 빨리빨리 인쇄할 수 있었던 겁니다. 예전 시대 중국어의 인쇄는 글자의 엄청난 양 때문에 서양보다 훨씬 더 어려운 공정이었습니다. 그래서 구텐베르크 이후 서양에서 그야말로 승승장구하던 서적의 인쇄술과는 달리 중국의 서적 인쇄는 매우 미미하게밖에 보급되지 못했습니다.

그 후 여러 세기를 거치면서 서양은 손재주가 많거나 예술적인 기질을 타고난 남자들이 알파벳을 좀 더 읽기 쉽고 보기 좋게 만들기 위해 노력을 기울였습니다. 그래서 오늘날까지도 많은 글자체가 정성과 사랑으로 그것을 개발한 사람의 이름을 따서 불리고 있습니다. 컴퓨터에 들어 있는 글자체들은 흔히 그런 식의 이름을 가지고 있지요. 그중에서도 특히 1530년에 개라몬드 글자체를 발전시킨 프랑스인 클로드 개라몬드가 있습니다. 또한 그의 이탈리아 출신 동료 기암바티스타 보도니(1740~1830) 역시 자신의 보도니 글자체를 가지고 인쇄가 되는 곳이면 어디서든 자신의 이름을 알렸습니다.

:: 문자의 전성기와 위기

문자는 참으로 먼 길을 걸어왔습니다. 삶과 죽음의 중요한 문제

들을 오래도록 기록하기 위해 많은 정성을 들여 쪼아 새기거나 그
림으로 그리던 때로부터 컴퓨터 자판이나 휴대전화 위를 슬슬 두
드리며 후다닥 써 버리는 문서에 이르기까지 말이죠. 문자는 이제
일상생활에 없어서는 안 되는 요소가 되었고 인간 역사에서, 직업
전선이나 개인 생활에서 어느 때보다도 중요한 도구 중의 하나가
되었습니다. 문서를 손으로 쓰거나 타자기로 치려면 많은 수고가
필요했던 40~50년 전만 하더라도 지금처럼 많은 문자가 오고가
지 않았습니다. 대량의 이메일과 SMS 문자메시지, 그러고도 수십
억 개의 인터넷 홈페이지를 생각해 본다면 정말이지 문자의 전성
기가 도래했다고 할 수 있을 것입니다.

문자로 글을 쓰는 행위는 오늘날 산업국가에서 말을 하는 것만
큼이나 일상적인 일이 되었습니다. 하지만 그와 동시에 문자는 위
기를 맞고 있기도 합니다. 식자공이라는 명예로운 직업은 이제 젊
은이들 사이에서 완전히 인기를 잃고 말았습니다. 이제 그들은 대
중 언론매체의 기획자가 되고 싶어 합니다. 이러한 경향 때문에 아
름답고 읽기 쉬운 글자체를 만들어 내던 식자공이라는 존재는 서서
히, 그러면서도 확실하게 역사에서 사라져 가고 있습니다.

청소년은 정말 언어를
망치는 주범일까?

언어는 끊임없이 변하는 것이기 때문에 그 변화 요인이 무엇이든 간에 최후의 승자는 바로 해당 언어를 사용하는 언중이 선택한 언어입니다.

09

••• 청소년은 별종의 한국어를 사용할까요? 혹은 청소년이 한국어를 망치고 있는 것은 아닐까요? 인터넷은 언어를 망치는 주범일까요? 요즘 심심치 않게 한국 사회에서 들을 수 있는 화두들입니다. 이러한 염려는 한마디로 기우에 불과하다고 할 수 있습니다. 적어도 언어학적 견지에서는 그렇습니다. 언어는 끊임없이 변하는 것이기 때문에 그 변화 요인이 무엇이든 간에 최후의 승자는 바로 해당 언어를 사용하는 언중이 선택한 언어입니다. 요즘의 기성세대가 한국어의 타락이나 문법 파괴를 걱정하는 것은 과거에 대한 기억 상실에서 비롯된 기우입니다.

가령 조선 시대의 한국어와 현대 한국어를 비교해 봅시다. 지금의 서울말과 조선 시대의 한성말은 많이 다릅니다. 의문문을 만들기 위해 문장어미 '-니?'를 사용하지도 않았고, 명사절에서는 주격 표시로 '-가'를 사용하는 대신에 현대 일본어처럼 속격 '-의'를 사용했습니다. 또 지금의 피터나 폴은 각각 '베드로'나 '바오로'로 발음되었습니다. 지금 우리가 '이중섭'이라고 알고 있는 화가는 1951년에 월남하기 전만 해도 평안도에서 '이듕섭'이라고 자신의 그림에 서명을 했습니다.

그러니 '닭'을 어떤 연예인처럼 '닥'이라고 쓰든 '닭'이라고 쓰든 그렇게 심각한 문제는 되지 않을 것입니다. 첫 번째 생일을 의미하는 '돌'을 이전에는 '돐'로 표기했는데, 요즘엔 '돌'로 굳어졌습니다. '돐'이 '돌'로 표기가 바뀌는 데 아무런 문제점도 느끼지 못했다면 '닭'이 '닥'으로 바뀐다고 해서 특이하게 생각할 필요가 있을까요?

물론 보수적인 언어 순수주의자들은 이러한 의견에 동의하지 않을 것입니다. 어느 사회 어느 시대나 언어 순수주의자들은 있어 왔습니다. 또 반대로 언어 개혁주의자들도 있어 왔습니다. 미국의 웹스터는 미국 영어와 영국 영어를 구별하기 위해 여러 가지 개혁안을 제시했습니다. 그 결과 오늘날 미국 영어는 'metre'가 아니라 'meter', 'musique'가 아니라 'music', 'neighbour'이 아니라 'neighbor'와 같은 간단한 철자법을 채택하게 됩니다. 이 당시에도 언어 보수주의자들은 이전의 영국식 철자법을 옹호했음은 물론입니다.

영어에서도 엄청난 변화가 있었죠. 중세 영어에서는 접속사 when 다음에 접속사 that을 함께 사용했지만, 오늘날 영어에서는 접속사 that을 사용하지 않습니다. 그리하여 초서[11]의 저 유명한 『캔터베리 이야기』에 나오는 첫 구절,

When that April comes……

는 현대 영어로 고치면 다음과 같다는 사실을 알게 됩니다.

When April comes……

:: 사이버 언어의 활약

"전 이만 집으로 퇴출하겠습니다."란 말을 들었을 때, 그것이 문법에 어긋난다고, 혹은 단어 사용이 잘못되었다고 나무랄 수 있을까요? 왜냐하면 우리 모두 그 의미를 알 수 있기 때문입니다.

통신 언어의 발달로 음운 축약이 매우 비약적으로 일어나고 있

---

11) Geoffrey Chaucer(1342~1400) : 영국 런던 출신의 시인. '영시의 아버지'로 불립니다. 부유한 포도주 상인의 아들로 태어나, 성장한 뒤 군인·외교관·재무감독관·공사감독·치안판사·국회의원 등 공직을 지냈습니다. 그의 최대 걸작 『캔터베리 이야기』는 29편의 이야기 가운데 24편으로 미완성인 채 끝났지만, 중세 영문학의 대표작으로 꼽힙니다.

습니다. 가령 가수 이름인 H.O.T.를 '에이치오티'라고 발음하는 경우는 거의 드물고 '에쵸티'라 줄이는 것이 보통이죠. 이제는 한글 철자법 대신에 간편한 아라비아 숫자를 이용하여 가능하면 속도를 빠르게 하려는 경향도 일반화되었습니다. 몇 가지 예를 들면 다음과 같은 것들이 휴대전화나 실시간 대화를 포함한 인터넷에서 자주 발견되고 있습니다.

이만(20000), 많이(10002)

감사(감4), 들어오십시오(드러50쇼), 바보(밥5), 하이(하2)

열심히(10C미), are you(RU), 알겠지(R겠G)

사이버 언어는 간편하고 빠른 표기를 목표로 했지만, 이제는 그런 목적 이외에도 표기를 예쁘게 한다든가, 개성이나 정체성을 드러내는 수단으로 훨씬 더 다양한 모습을 보여 주고 있습니다. 이런 개성적인 표현이 가능해진 것은 정보 보관처로서의 컴퓨터가 있기 때문입니다. 이러한 표기들을 종이 위에 하는 것은 매우 어렵겠지요. 필요한 문자를 손쉽게 가져다 쓸 수 있는 매체가 다양한 표기를 가능하게 해 주고, 상상력을 발휘할 공간을 제공해 준 셈입니다.

다음 예들은 가능하면 '더 빨리'란 인터넷의 속성과는 달리, 쓰는 사람이 훨씬 더 많은 노동과 세심한 신경을 들여야만 작성할 수 있습니다. 장영준의 『언어 속으로』에서 인용한 예들을 봅시다.

日上 생활에서 ⓔ렇게말합늬까?

罪송 罪송킼킼킼 깝훼활뗭 ♨라궤할께헯 安농희계쉽숋

섬二③日 男앗多

前円 길띄 ②삐ㄱ게 해西 ⓑ네來긔더늬

△♪람은 언젠ㄱ ♪ⓒⓒ¶ ㄴ♪◉야 한ⓒㅓ ㅣ요(사람은 언젠가 떠나
야 한데요)

☆ⓛㅏ (ㄷ)i여 ¿ ¿ ¿ (별나지요?)

5늘응 日요1이어스 해피만땅스했능돼

이러한 사이버 언어는 필자 같은 기성세대가 읽기 어렵고 쓰기
는 더욱 불편합니다. 그러나 요즘엔 나도 '열씨미' 노력해서 꽤 읽
고 쓸 수 있게 되었습니다. 그리고 가끔 문자를 보낼 때 '감4합니
다'라고 쓰기도 하지요. 그러나 개성을 중요시하고 색다른 표현법
을 추구하는 젊은 세대에게는 강력한 호소력을 지닌 듯합니다.

너 그거 ㄱ나니?

이런 문자를 받았을 때, 당황하며 의미를 포착해 낼 수 없다면
그 혹은 그녀는 아마도 '쉰세대'에 속할 가능성이 매우 높습니다.
사이버 언어 현상은 영어에서도 흔히 발견됩니다. 잘 알아들을
수 없다는 의미에서 사용된 링고(lingo)라 불리는 사이버 언어에서

는 초기에 약어나 감정을 표현하는 기호인 이모티콘을 많이 사용했습니다. 그러나 최근에는 아래의 예처럼 점차 음을 첨가하거나, 숫자를 사용하거나, 기호를 혼용하는 등 다양한 사이버 언어가 생겨나고 있습니다.

Any wanna chat?(Anyone want to chat?)
How R U?(How are you?)

:: 언어의 경제성

　좀 더 간편하게, 좀 더 짧게 하려는 것은 우리 삶의 모든 분야를 지배하는 경제성에 기인하는 현상일 것입니다. 특히 통신이나 문자 채팅처럼 짧은 시간을 요구하는 분야에서는 그러한 현상이 더욱 강하겠지요. 통신어로 이루어진 인터넷 소설『그놈은 멋있었다』는 인터넷에 게재 당시 작가의 어린 나이로도 세간의 주목을 받았지만, 독특한 문체로 일약 새로운 문학 형식으로 각광받기도 했습니다.

　그런 의미에서 충청도 사투리는 우리의 관심을 끌기에 충분합니다. "개고기를 드십니까?"를 충청도 말로는 "개 혀?"라는 단 두 글자로 표현할 수 있으니 말입니다. "사모님, 저와 춤을 추시겠습니까?"란 말도 "출튜?"란 두 글자로 줄일 수 있습니다. 물론 이런 문장들은 충청도 말의 특성을 보여 주기 위한 우스갯말이지만, 어쨌든 충청도 말의 축약은 가히 대단합니다.

　일반적으로 줄임말은 '화자' 쪽의 생산적 편의를 고려한 데서 출발하고, 음의 첨가와 같은 현상은 '청자' 쪽의 수용적 편의를 고려한 데서 출발합니다. 가령 우리가 '신라'를 '실라'라고 발음하면 발음하는 사람은 편리함을 느낄지 모릅니다. 그러나 듣는 사람 쪽에서는 그것이 '신라'인지 아니면 '실라'인지를 알기 어렵습니다. 반대로 이를 '신라'라고 천천히 발음하면 듣는 사람 쪽에서는 확

실하게 빨리 알아듣지만, 한국인으로서는 이를 발음하기가 결코
쉽지 않을 것입니다. 물론 내가 이렇게 말한다고 해서 충청도 사
람들이 듣는 사람의 편의보다는 자신들의 편의를 앞세운다고 주
장하는 것은 결코 아닙니다. 언어학적으로 이런 측면도 있다는 것
이지요.

청소년이 그들만의 언어를 사용하는 것은 아주 자연스런 현상입
니다. 마치 중년층이 그들만의 언어를 사용하는 것과 같은 의미입
니다. 세대 간에 나누는 대화의 어려움은 요즘에만 나타난 것도,
인터넷이 불러들인 특이 현상도 아닙니다. 언어가 겪는 일반적 변
화의 한 양상일 뿐입니다.

비밀 언어,
나도 만들 수 있을까?

비밀 언어의 상당 부분은 기존 언어로부터 생겨났습니다. 비밀 언어의 창시자는 기존 언어를 받아들여 그 언어를 다른 사람들이 알아듣지 못하도록 변형시킵니다.

10

●●● 100년 전쯤 독일 베스트팔렌 주의 테클
렌부르크 지방을 여행하며 그곳 주민들의 말에 귀를 기울여 보았
다면, 자신이 독일어를 모국어로 사용하는 사람이더라도 마치 전
혀 다른 외국에 와 있다는 착각이 들었을 것입니다. 그곳에서 들은
단어들은 독일 전역뿐만 아니라 전 세계 어느 곳에서도 들을 수 없
는 것들이기 때문입니다.

'훔피쉬' 라고 불리는 이 언어가 어디서 유래했는지는 아무도 모
릅니다. 수세기 전에 베스트팔렌 주에서 장사를 했던 상인들이 함
께 모여 자기들만의 단어를 만들었을 거라고 추측할 뿐입니다. 이
러한 방법으로 그들은 다른 경쟁자와 고객들이 듣지 못하는 가운

데 은밀히 상품과 계약서와 값에 대해 이야기를 나눌 수 있었습니다. 사업에 성공하기 위해서 그건 매우 유용한 일이었지요.

베스트팔렌에는 오늘날에 이르기까지 유명한 상인 가문들이 있습니다. 예를 들어 세계적으로 유명한 C&A라는 의복 체인점 브레닝크마이어 가문은 그들의 대화를 언제나 훔퍼쉬 언어로만 나누었다고 전해집니다. 이 비밀 언어는 브레닝크마이어가 성공하는 데 큰 도움이 되었습니다.

:: 넌 모르지, 난 안다!

독일에만도 50~100가지 정도의 비밀 언어가 존재합니다. 중세 때부터 19세기에 이르기까지 어떤 구역이나 마을에서는 주민들이 완전히 자신들만의 비밀 언어를 사용함으로써 외부와 단절된 채 살았습니다. 상인들뿐만 아니라 거리의 부랑자들도 '로트벨쉬'라고 하는 그들만의 비밀 언어를 사용했습니다. 주로 도둑, 소매치기, 노상강도들이 그 언어를 사용했지요. 그들은 자신들만 알아듣는 언어를 만들기 위해 다음과 같은 세 가지 방법을 동원했습니다.

- 다른 사람들은 전혀 모르는 새로운 단어를 만든다.
- 기존에 있던 어떤 언어를 받아들여 변형시킨다.

- 아니면 '보통의' 단어에 규칙을 적용해 다른 사람이 알아듣지 못하게 변형시킨다.

비밀 언어의 단어 역시 표준 독일어와 같은 규칙을 적용하여 만들어집니다. 그들은 몇 개의 단어를 합성하기도 했지요. 훔피쉬에서 'Bente'는 '탁자(독일어: Tisch)'라는 뜻이며, 'Failer'는 '무엇무엇을 다루는 사람(Bearbeiter)'이란 뜻입니다. 그러므로 'Bentenfailer'는 '목수' 혹은 '가구공(Tischler)'이라는 뜻의 단어가 됩니다. 혹은 'mulsch'란 훔피쉬에서는 '아픈(krank)'이라는 뜻입니다. 그러므로 'Mulschfailer'는 '의사(Arzt)'가 됩니다.

:: 이디시– 비밀 언어의 근원

훔피쉬 같은 비밀 언어의 창시자가 완전히 새로운 단어들을 만들어 내는 데는 많은 수고가 필요합니다. 그런 노력의 결과 만들어진 단어의 뜻 역시 언제나 외부인들에게 밝혀질 위험에 처해 있습니다. 외부인이 비밀스러운 단어를 이해하자마자 그 언어의 가치는 떨어집니다. 그때마다 계속 새로운 단어를 만들어 낸다는 것은 몹시 수고스러운 일이겠지요.

그래서 비밀 언어의 상당 부분은 기존 언어로부터 생겨났습니다. 비밀 언어의 창시자는 기존 언어를 받아들여 그 언어를 다른 사람들이 알아듣지 못하도록 변형시킵니다. 로트벨쉬의 여러 가지 형태와 '예니쉬'라는 비밀 언어에서 그런 과정을 잘 볼 수 있습니다. 예니쉬는 특히 독일 남부에서 한동안 사용되었던 언어입니다. 예니쉬는 중세 시대부터 이른바 '떠돌아다니는 민중'끼리 서로 주고받던 언어였지요. 사기꾼, 거지, 칼갈이, 부랑자, 떠돌이 상인과 같은 사람들은 일 년 내내 전국을 횡단하며 먹고살 길을 찾아야 했습니다. 때로는 합법적으로, 때로는 불법적으로 말이죠.

이러한 떠돌아다니는 민중은 곧 그들만의 언어를 발전시켰습니다. 그들은 다른 계층의 사람들과 교류하지 않았으므로 자연스럽게 자신들끼리만 통하는 의사소통 방법이 생겨났습니다. 사냥꾼, 학자, 운동선수 등과 같은 집단도 마찬가지였습니다. 사업가나 사기꾼조차도 그들의 이야기를 주민들이 알아듣지 못하는 편이 훨씬 더 유리했습니다. 한국에서도 일부 사람들은 자신들만의 비밀 유지를 위해 비밀 언어를 사용하곤 했습니다. 예를 들면, 심마니들은 예전에는 그들끼리만 알아들을 수 있는 비밀 언어를 사용했고, 전국의 시장을 돌며 물건을 파는 장돌뱅이들도 자신들만의 언어를 사용하여 비밀 행동을 했지요.

이러한 방법으로 주로 소외 계층에서 생겨난 서양의 비밀 언어들은 공통점을 하나 가지고 있었습니다. 그 언어들은 모두 '이디시'라는 언어에서 유래한 단어들을 다량으로 가지고 있었던 겁니다. 이디시는 예전 세대에 독일과 폴란드에서 산 유대인들이 주로 쓰던 언어였습니다. 그리고 그 유대인들은 또 옛 히브리어에서 많은 단어를 받아들였습니다. 그렇다고 해서 예니쉬나 로트벨쉬의 창시자가 무조건 유대인이라는 말은 아닙니다. 그들은 다만 기독교도들이 알아듣지 못하는 언어를 사용하는 것이 편리하다고 생각했습니다.

당시의 그러한 비밀 언어 중에서 몇 개 단어는 현재 일상에서 사용하는 독일어에도 남아 있습니다.

특히 독일에서 일상적으로 쓰는 말 중에서 많은 단어가 예전 로트벨쉬나 예니쉬에서 유래합니다. 하지만 일상에서 더 이상 쓰지 않게 된 단어라도 영원한 비밀로 남지는 않았습니다. 1510년에 이미 그들의 비밀 언어의 단어를 수록한 책 『떠돌이 사전』이 출간됩니다. 1858년에는 법조인 크리스티안 아베 랄레만트가 총 2권으로 된 『독일 사기꾼의 생활사』를 편찬하지요. 그중에서 상당 부분은 아베 랄레만트가 사기꾼이라고 총칭한 집단의 언어에 관한 내용이었습니다.

:: 비밀 언어 해독하기

역사적으로 서양의 여러 지역, 여러 마을에 많은 비밀 언어가 있었지만 거의 매번 누군가 그 숨은 문장을 해독해 내곤 했습니다. 그중에서도 가장 유명한 비밀 언어가 만들어지고 해독된 것은

2,000년 전의 일입니다. 전설적인 로마의 장수이며 군주였던 줄리어스 시저는 소식을 전해야 할 때면 언제나 다음과 같이 적어 보내곤 했습니다(물론 시저는 라틴어로 소식을 전했겠지만, 다음 문장을 해독하면 독일어가 됩니다).

GLHVHQ VDWC YHUVWHKW NHLQHU

이 알파벳의 나열은 서양 언어 어디에도 없는 글이므로 아무도 읽을 수 없습니다. 하지만 비밀 언어만을 취급하는 전문 암호 해독가라면 이 이상한 문장도 쉽게 해독할 수 있지요. 이른바 '시저 알파벳'이라고 불리는 방법으로 쓰인 문장이니까요. 즉, 지극히 평범한 알파벳을 몇 개쯤 순서를 옆으로 밀어 글을 쓰는 방법입니다. 그리하여 A는 D가 되고 B는 E가 됩니다.

표 14_ 시저 알파벳

A B C D E F G H I J K L M N O P Q R S T U V W X Y Z

D E F G H I J K L M N O P Q R S T U V W X Y Z A B C

이렇게 시저 알파벳으로 써진 소식을 대했을 때 그냥 지나치지 않고 그 안에 암호가 숨어 있다는 것을 의심하는 사람이라면 이 문장은 비교적 쉽게 해독할 수 있습니다. 알파벳이 몇 개씩 밀려났는지를 알

해독해 봐!
간단하네. 시저 알파벳 이네!
'GLHVHQ VDWC
YHUVWHKW NHLQHU'

아내면 되니까요. 그리고 그것은 시간을 두고 하나씩 차례차례 대입을 해 가며 시험해 보면 해결되는 문제입니다. 그래 보아야 가능성은 최대한 알파벳 글자의 수만큼, 즉 26가지 경우밖에는 없거든요.

누군가 그렇게 일일이 대입해 보는 일을 바보 같다고 여긴다면 통계학을 이용하면 됩니다. 서양의 많은 언어가 알파벳을 사용하고 있지만 그 각각의 언어마다 각기 다르게 사용하기 때문입니다. 예를 들어 독일어의 단어들에는 알파벳 'E'가 가장 많이 들어가며 그 뒤를 따르는 알파벳 중에서 가장 흔한 것은 'N'입니다. 시저 알파벳으로 쓰인 문장 'GLHVHQ VDWC YHUVWHKW NHLQHU'를 잘 살펴보면 알파벳 H가 여섯 번이나 들어갔는데, 제일 빈번한 알파벳임을 알 수 있습니다. 결국 시저 코드의 문장에서 H는 곧 원래 알파벳의 E임을 추론해 낼 수 있고, 그로써 시저 알파벳이 원래 알파벳의 순서로부터 얼마나 벗어났는지도 동시에 알아낼 수 있지요. 이런 식으로 비밀문서는 해독이 가능합니다.

:: 더 비밀스럽게, 아니면 아무도 모르게

그리하여 암호 전문가들은 더욱 더 철저하게 비밀을 유지하기 위해 시저 알파벳을 바꾸려고 노력했습니다. 그 결과 문장에서 모음을 모두 생략하자는 제안이 나왔습니다. 'DIESEN SATZ VERSTEHT

KEINER(아무도 이 문장을 알아들을 수 없다)’라는 문장은 ‘DSN STZ VRSTHT KNR’로 표기될 수 있습니다. 그렇게 모음을 뺀 후 다시금 시저 코드의 원칙에 따라 알파벳의 순서를 달리합니다. 그러고 난 후 가령 다음과 같이 알파벳 두 개만큼을 밀려 쓰지요.

B C D F G H J K L M N P Q R S T V W X Y Z

Y Z B C D F G H J K L M N P Q R S T V W X

그러면 ‘BQL QRX SPQRFR HLP’라는 문장이 만들어집니다. 이 문장의 사이사이에 다시금 아무런 의미가 없는 모음을 집어넣을 수 있습니다. ‘BEQUÄL QUEREX SPQRFOR HELP’. 이 문장을 해독하려는 사람은 처음에는 당황할지도 모릅니다. 그는 ‘BEQUÄL’은 어딘지 모르게 독일어 같고 ‘QUEREX’나 ‘SPQR’는 라틴어처럼 보이기도 합니다. 또한 어떤 사람들은 ‘SPQRFOR’의 ‘FOR’가 영어의 ‘FOR’일 것이라고도 생각할 것입니다. ‘HELP’는 확실히 영어로 해석될 수 있습니다. 그러나 아무리 이런 식으로 생각해 보아도 역시 이 문장은 제대로 된 의미를 전달하지 않습니다. 해독하는 방법을 알고 있는 사람이라야 문장의 뜻을 알아낼 수 있지요. 이러한 시저 코드가 숨어 있다는 것을 짐작하는 사람만이 문장을 쉽게 해독할 수 있습니다.

시저 코드를 보완하면 어느 정도는 개선이 가능합니다. 17세기

A B C D E F G H I J K L M N O P Q R S T U V W X Y Z
B C D E F G H I J K L M N O P Q R S T U V W X Y Z A
C D E F G H I J K L M N O P Q R S T U V W X Y Z A B
D E F G H I J K L M N O P Q R S T U V W X Y Z A B C
E F G H I J K L M N O P Q R S T U V W X Y Z A B C D
F G H I J K L M N O P Q R S T U V W X Y Z A B C D E
G H I J K L M N O P Q R S T U V W X Y Z A B C D E F
H I J K L M N O P Q R S T U V W X Y Z A B C D E F G
I J K L M N O P Q R S T U V W X Y Z A B C D E F G H
J K L M N O P Q R S T U V W X Y Z A B C D E F G H I
K L M N O P Q R S T U V W X Y Z A B C D E F G H I J
L M N O P Q R S T U V W X Y Z A B C D E F G H I J K
M N O P Q R S T U V W X Y Z A B C D E F G H I J K L
N O P Q R S T U V W X Y Z A B C D E F G H I J K L M
O P Q R S T U V W X Y Z A B C D E F G H I J K L M N
P Q R S T U V W X Y Z A B C D E F G H I J K L M N O
Q R S T U V W X Y Z A B C D E F G H I J K L M N O P
R S T U V W X Y Z A B C D E F G H I J K L M N O P Q
S T U V W X Y Z A B C D E F G H I J K L M N O P Q R
T U V W X Y Z A B C D E F G H I J K L M N O P Q R S
U V W X Y Z A B C D E F G H I J K L M N O P Q R S T
V W X Y Z A B C D E F G H I J K L M N O P Q R S T U
W X Y Z A B C D E F G H I J K L M N O P Q R S T U V
X Y Z A B C D E F G H I J K L M N O P Q R S T U V W
Y Z A B C D E F G H I J K L M N O P Q R S T U V W X
Z A B C D E F G H I J K L M N O P Q R S T U V W X Y

몇몇 석학은 이른바 '폴리 알파벳 암호법'이라는 것을 고안해 냈습니다. 그들은 가능한 모든 시저 알파벳을 기록했지요.

그렇게 하면 커다란 사각형의 도표(표 15)가 만들어집니다. 작은 칸 안에 들어 있는 알파벳은 각각 두 개의 알파벳과 연결됩니다. 즉, 가로와 세로의 알파벳이 만나는 곳마다 각각 알파벳 하나씩이 들어 있습니다.

예를 들어 위에서부터 일곱 번째 줄, 즉 G줄과 왼쪽에서부터 네 번째 줄, 즉 D줄이 만나는 곳에는 J라는 알파벳이 있습니다. 그러므로 J는 G-D라는 좌표를 가집니다.

무엇인가를 비밀리에 전하고 싶은 사람이라면 이 좌표 체계를 다음과 같이 사용할 수 있지요. 먼저 중요한 정보를 담고 있는 키워드(열쇠가 되는 단어)를 생각해 냅니다. 예를 들면 'geheim(비밀리에)'라는 암호 같은 단어일 것입니다. 이 키워드는 매번 어느 줄에서부터 시작해야 할지 정해 줍니다. 그 암호가 가로 방향의 줄을 정하기 때문이지요. 그리고 세로 방향에는 비밀에 붙이고자 하는 문장, 즉 아까 예로 들었던 'DIESEN SATZ VERSTEHT KEINER(아무도 이 문장을 알아들을 수 없다).'라는 문장이 줄을 정하게 됩니다. 그러므로 비밀 문장은 다음과 같은 두 방향의 줄로 좌표를 이룹니다.

G E H E I M G E H E I M G E H E I M G E H E I M

D I E S E N S A T Z V E R S T E H T K E I N E R

　이제 두 방향의 좌표가 정해졌습니다. 맨 먼저 해야 할 일은 G 줄을 따라 내려가면서 D줄과 만나는 곳의 J를 찾고 암호화될 문서의 첫 알파벳으로 삼는 것입니다. 그렇게 하면 다음과 같이 암호화된 문서가 확정됩니다.

```
G E H E I M G E H E I M G E H E I M G E H E I M
D I E S E N S A T Z V E R S T E H T K E I N E R
J M L W M Z Y E A D D Q X W A I P F Q I P R M F
```

　이렇게 하면 우리들이 앞에 보았던 제목처럼 'Jmlwmz Yead dqxwaipf qiprmf'라는 비밀 문장이 만들어지는 것입니다.

　폴리 알파벳 암호법으로 만들어진 이러한 문장을 해독하기는 상당히 까다롭습니다. 그러기에 거의 300년 동안이나 사람들은 폴리 알파벳 방법으로 암호화된 비밀문서를 해독하지 못했습니다. 하지만 이 암호법 역시 나름대로의 단점을 가지고 있습니다. 키워드가 몇 개의 알파벳으로 이루어져 있는지 아는 사람이라면 좌표상에서 가로 세로가 만난 지점을 출발점으로 하여 감추어진 문장을 추적할 수 있기 때문입니다. 그렇게 되면 다시금 시저의 알파벳 원칙을 발견하게 되고 문장을 완전히 해독할 수 있지요.

　또한 키워드가 몇 개의 알파벳을 가진 단어인지를 모르는 사람도 일일이 가능한 경우의 알파벳을 모두 대입해 봄으로써 그러한 비밀문서를 해독할 수 있습니다. 호기심 많은 사람들은 19세기 중반부터 끈질긴 인내심과 성능 좋은 계산기를 가지고 계속해서 이러한 폴리 알파벳 문서를 해독해 냈습니다.

오늘날엔 아무도 이러한 암호나 비밀문서 체계가 확실한 비밀을 보장해 줄 거라고 믿지 않지요. 하지만 이제는 전혀 다른 암호화법이 적용되고, 그 정교한 방법은 아마도 앞으로 몇 세기쯤은 절대 풀리지 않는 비밀문서로 남을 것입니다.

:: 수학과 정보학 전문가가 되어야 한다

계산기와 컴퓨터를 고안한 이후에 사람들은 좀 더 확실한(적어도 어느 정도는 확실한) 비밀 언어를 만들기 위해서 언어를 다루는 사람들보다 복잡한 숫자의 조합과 정보학을 전공한 사람들이 필요하다는 것을 알게 됩니다. 1970년대부터 수학자들과 컴퓨터 전문가들은 해당 관계자 이외에는 아무도 풀 수 없도록 모든 종류의 데이터를 암호화하는 방법을 개발합니다. 그때부터 문서만이 아니라 기계 설계도 같은 데이터 역시 아무도 해독할 수 없도록 암호화될 수 있었지요.

디지털 기호나 공개키 암호작성시스템이나 피아트 샤미르 방식 등을 사용해 비밀문서를 만들기 위해서는 언어에 대한 얼마간의 관심과 이해력으로는 더 이상 충분하지 않습니다. 어쩌면 대학교

에서 몇 년간 수학을 전공하는 것이 도움이 될 수 있을 것입니다. 현대에 이르러 암호화 방식의 수준이 얼마나 발전되었는가를 말하려면 아마 책 한 권을 따로 쓴다 해도 모자랄 것입니다. 그리고 그런 책을 쓴다 해도 정말이지 더 이상 언어와는 관계가 없는 일임을 알게 될 것입니다. 언어 그 자체가 아니라 엄청나게 많은 숫자와 연산 규칙이 필요하기 때문이지요.

:: 바이네케 라이브러리 MS 408

몇 세기에 걸쳐 천재적인 비밀문서 전문가들의 모든 노력에도 불구하고 끝내 그 내용이 무엇인지 밝혀지지 않은 책. 내로라하는 학자들이 너무나 심한 절망감에 빠져 정신병원을 찾을 정도로 풀기 어려운 책. 이런 책이 과연 실제로 존재할까요?

어쨌거나 확실한 사실이 있습니다. 미국 예일 대학의 바이네케 도서관에 MS 408이라는 번호를 달고 꽂혀 있는 책은 지금까지도 풀리지 않는 영원한 수수께끼로 남아 있습니다. 비밀문서 전문가들에게 이 책은 이 세상에서 가장 신비한 책으로 여겨지고 있다고 합니다.

페르가몬 종이로 만들어졌고 거의 240페이지에 달하는 이 책은 '보이니치 문서'라는 이름으로 예일 대학에 소장되어 있습니다. 1912년 러시아계 미국인이었던 윌프레드 M. 보이니치가 이탈리아의 가톨릭 예수교 사원의 도서관에서 찾아내 사들인 것입니다. 그 당시 사원의 재정 상태가 좋지 못했기 때문에 수도사들이 책을 팔아야 했던 것으로 보입니다.

늘 좋은 책을 찾아다니는 보이니치의 손에 아무도 이해할 수 없는 책이 한 권 들려집니다. 그 안에 써진 문자는 마치 중세 라틴어처럼 보이지만 고대 인도의 산스크리트어와도 비슷한 점을 가지고 있었습니다. 그럼에도 불구하고 그 문자는 통 읽을 수가 없었습니다. 글자 하나하나의 경계를 어떻게 가르느냐에 따라 조금씩 다르

지만 대략 그 문자에 사용
된 알파벳은 23~30개쯤
이었지요.

또한 이 책을 이루고 있
는 문서는 낱말을 지닌 것
처럼 보이지만 구두점을
찾아볼 수 없습니다. 그리
고 거의 모든 페이지마다
수수께끼 같은 그림이 그

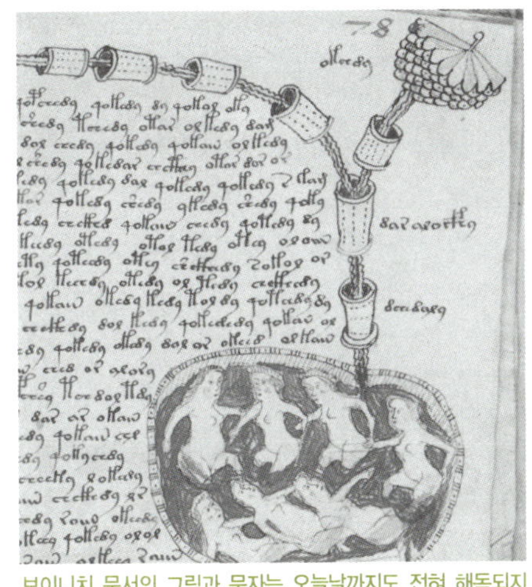

보이니치 문서의 그림과 문자는 오늘날까지도 전혀 해독되지
못하고 있습니다.

려져 있지요. 식물을 그린 그림도 여러 점 있는데 지구상에서는 전
혀 찾아볼 수는 없는 종류의 식물도 섞여 있습니다. 그런가 하면
또 다른 페이지에는 별과 행성과 천문학적인 기계들의 그림이 있
습니다. 괴상한 관에 연결되어 하늘을 우러러 서 있는 벌거벗은 여
자들의 그림도 볼 수 있지요.

누가 이 책을 집필했는지는 아무도 모릅니다. 보이니치 문서의
책에서 발견된 편지로 보아서는 13세기 중세 시대 연금술사였던
로저 베이컨이 지은 것임을 추정할 수 있습니다. 분명한 것은 16세
기 혹은 17세기에 이 책이 여러 사람의 손을 거쳤다는 사실입니다.
1576~1612년경 독일 신성로마제국의 황제였던 루돌프 2세는 이
책을 당시로서는 상당한 거금인 600두카텐에 사들였다고 합니다.
그 후 이 책의 비밀스러운 문자는 보이니치가 공개적으로 세상에

내놓을 때까지 행방불명된 것으로 알려졌습니다.

:: 아무도 해독하지 못하다

16~17세기에 보이니치의 이 책을 소유했던 사람들 모두가 해독에 실패했던 것이 분명합니다. 20세기 초 보이니치가 이 책을 발표한 이후에도 수많은 전문가가 이 문서의 비밀을 풀고자 시도했습니다. 하지만 미국 국가안보국 NSA의 비밀암호전문가들도, 유명 대학의 교수들도 끝내 그 비밀을 풀지 못했습니다. 펜실베이니아의 어느 대학 교수는 이 책의 비밀을 풀지 못하자 실망한 나머지 정신병원을 찾아야 할 정도가 되었다는 이야기도 전해집니다. 이 이야기가 정말 사실이었는지는 알 수 없지만 이처럼 보이니치 문서를 다룬 사람들에 관한 이야기가 많이 전해지고 있지요.

이 문서에 어떤 코드가 사용되었는지에 관한 이론은 열 가지가 넘습니다. 어떤 학자들은 여러 종류의 알파벳이 복합적으로 사용되었을 거라고 주장합니다. 또 다른 전문가들은 이 책의 저자가 해독을 어렵게 하기 위해 맞지 않는 알파벳을 사이사이에 끼워 넣었을 것이며 단어의 띄어쓰기를 규칙에 맞지 않게 적용했거나 모음 같은 것을 뺐을 수도 있다고 주장합니다.

또한 이 문서가 아시아의 아주 특수한 문자로 적혔을 거라는 이론도 있지요. 만주 퉁구스어의 문서가 비밀 알파벳에 의해 기록된 것이라는 주장입니다. 그리고 그 결과 아무도 읽을 수 없는 문서가 되고 말았습니다. 밀교적 색채가 강한 한 작가는 이 책이 어떤 다른 세상에서 왔을 거라고 확신합니다. 그러므로 이 책이 설령 이해될 수 있다 해도 오로지 꿈에서만 가능하다고 주장합니다.

:: 수수께끼 같은 단어들

'보이니치 문서 연구'를 시도하는 사람들은 계속해서 새로운 번역의 가능성을 제시하고 있습니다. 가령 미국 예일 대학의 리오넬 스트롱 교수는 다음과 같은 문장을 내놓았습니다.

'When skuge of tun'e -bag rip, seouogon kum sli of se mosure-issued ped-stans skubent, stokked kimbo-el-bow crawknot.'

학교에서 어렵게 영어를 배운 한국인, 독일인, 프랑스인, 이탈리아인들만 이 문장을 이해하지 못하는 것이 아닙니다. 영어를 모국어로 사용하는 사람들 역시 스트롱 교수의 보이니치 번역 문서를 이해할 수 없다고 합니다. 스트롱 교수는 자신이 쓴 영어는 중세 영어이며, 이 문서는 탄생에 관한 내용을 담고 있다고 주장합니다. 그러나 대부분의 동료 학자들은 그의 해석 앞에서 머리를 절레절레 흔들지요.

:: 그냥 장난이었다?

고든 럭은 중세 시대의 연금술사 에드워드 켈리가 수수께끼 같은 보이니치 문서의 저자일 가능성이 높다고 주장했습니다.

보이니치 문서를 해석하려는 노력이 모두 수포로 돌아갔기 때문에 전혀 다른 이론이 많은 추종자를 부르고 있습니다. 그것은 이 문서가 아무런 내용도 담고 있지 않다는 이론입니다. 즉, 보이니치 문서는 종이 위에 그럴듯하게 적은 기호들의 뒤죽박죽 모둠일 뿐이라는 거지요. 이 이론의 추종자들은 누군가 루돌프 2세에게서 돈을 받아내기 위해 신비한 마술 책이라며 속였을 거라고 추정합니다.

영국의 컴퓨터 전문가 고든 럭은 몇 백 년 전에 이 책이 바로 그러한 이유로 집필되었을 거라고 확신하지요. 이 책을 지었을 가능성이 제일 높은 사람으로 고든이 지목한 이는 영국의 연금술사 에드워드 켈리입니다. 그는 자신이 천사와 대화를 나눌 수 있고 구리를 금으로 변화시킬 수 있다고 주장했지요. 뿐만 아니라 사기죄로 몇 번인가 감옥에 갇히기도 했습니다.

하지만 고든 럭은 본인의 주장을 사실로 증명할 수 없었습니

다. 다만 그의 짐작일 뿐이었죠. 그로써 MS 408이라는 번호가
붙은 이 책의 수수께끼는 오늘날까지도 여전히 풀리지 않고 있
습니다.

세계가 공용하는 언어를 인공적으로 만들 수 있을까?

다양한 인공어 창시자들은 모두 하나의 목표를 가지고 있었습니다. 가능한 많은 사람이 쉽게 쓸 수 있는 언어를 만드는 것이었지요.

••• 19세기 말엽 요한 마르틴 슐라이어 신
부는 심각한 문제로 고민에 빠졌습니다. 그는 콘스탄츠 근처 리첼
슈테텐이라는 곳에서 조용한 생활을 영위하고 있지만 시선만큼은
먼 세상을 향했습니다. 그곳에서 그는 다양한 언어가 구제불능인
혼돈 상태로 존재함을 알게 됩니다. 신부는 자신의 신앙에 따라 모
든 인간이 다 같이 신의 창조물임에도 불구하고 서로 의사소통할
수 없다는 것을 매우 안타까워했습니다. 그래서 슐라이어는 계획
을 세웁니다. 세계언어를 만들기로 한 거지요.

맨 처음 슐라이어가 고심한 것은 독일어, 영어, 프랑스어, 이탈
리아어, 스페인어, 러시아어를 하나의 언어, 즉 '국제 인공어'라 할

수 있는 언어로 종합할 수 없을까 하는 문제였습니다. 하지만 곧 계획을 실행에 옮기는 일이 그리 만만치 않음을 알게 됩니다. 고민에 빠진 그는 3월의 어느 날 밤, 잠을 이루지 못하고 밤을 꼬박 새웠습니다. 그리고 마침내 그 밤이 그의 인생을 완전히 바꾸어 놓았지요.

그는 훗날 그 순간을 회상하며 "그때 갑자기, 내 머릿속에는 세계언어의 구조물이 우뚝 서 있었다."라고 진술했습니다. 말하자면 신의 계시 같은 것이 나타나 슐라이어의 머릿속에 하나의 문장을 알려 준 것입니다. 'Menade bal — püki bal!', 바로 '하나의 인류 — 하나의 언어'라는 뜻의 문장이었습니다.

:: 세계언어 대회가 열리다

세계언어가 있어야 한다는 주장은 슐라이어 신부가 태어나기 전에도 이미 그 강도가 높아지고 있었습니다. 그중에서도 특히 독일 철학자 고트프리트 빌헬름 라이프니츠(1646~1716)와 프랑스 철학자 르네 데카르트(1596~1650)가 전 인류를 위한 유일한 언어에 관해 고심했습니다. 하지만 그들은 신앙 깊은 슐라이어만큼 간절하게 일에 착수하지는 못했지요. 슐라이어는 1879년 3월 31일 자신에게 내린 계시에 따라 주저 없이 인공 언어의 토대를 적습니다.

그 언어만 있으면 세계 민족이 언제라도 서로 의견을 교환할 수 있을 테니까요.

신부는 자신이 고안한 언어를 'Volapük(볼라퓌크)'라고 불렀습니다. 이 단어에는 벌써 그가 적용한 몇 가지 기본 원칙을 볼 수 있습니다. 즉, 그의 세계언어는 영어와 독일어에서 많은 부분을 따온 것입니다. 볼라퓌크라는 말 속에는 세계라는 뜻의 vol(영어로 world에 해당함)과 언어라는 뜻을 나타내는 pük(영어의 speak)가 들어 있다고 합니다. 볼라퓌크의 또 다른 원칙은 그것이 매우 복잡한 구조로 만들어진다는 것입니다. 영국인이든 미국인이든 슐라이어가 만든 볼라퓌크를 보고 그것이 세계언어를 말하는 단어임을 선뜻 알아볼 수 없었습니다. 단어만 그런 식으로 어렵게 얽혀 있는 것이 아니었습니다. 문법 역시 매우 복잡했지요. 다양한 명사의 활용과 동사의 활용, 두 가지 종류의 수동태, 그리고 매우 많은 전치사들이 있었습니다.

1879년, 그럼에도 불구하고 유럽과 다른 네 개의 대륙에서 세계언어에 관한 관심이 고조되었습니다. 슐라이어 신부에게 그 전설적인 계시가 내린 지 몇 년 되지 않아 이미 전 독일의 도시와 마을에는 '세계언어 협회'라는 것이 만들어집니다. 거의 모든 유럽의 나라들과 미국, 중국, 남아프리카, 호주에서 사람들이 정기적으로 모임을 갖고 볼라퓌크어를 배우거나 볼라퓌크어로 대화를 주고받았습니다. 1887년에는 뮌헨에 '카뎀 볼라퓌크'라는 독자적인 아카

데미가 서기도 했지요. 슐라이어가 이 언어를 고안한 지 10년째 되던 해에는 23종류의 볼라퓌크어 신문이 발행되었습니다.

국제 인공어를 만들려는 계획은 볼라퓌크어만이 아니었습니다. 19세기에서 20세기로 바뀌는 무렵 세계의 글로벌화가 시작됩니다. 물론 글로벌화가 활발히 거론된 것은 훨씬 나중의 일이었습니다. 그 당시는 식민지주의의 전성기였지요. 폭력적인 방법으로 혹은 평화적인 방법으로 유럽과 미국은 전 세계의 상품 유통을 가속화시켰습니다. 그러한 때에 북쪽 지역의 공업국가 사람들은 전 세계를 위한 하나의 언어를 반드시 만들어야겠다고 생각하게 됩니다(아프리카와 남아시아의 식민지 국가에 살았던 사람들이라면 자신들을 그냥 평화스럽게 내버려 두기만을 바랐을 것입니다).

거의 한 달에 한 번씩 똑똑하거나 똑똑하지 않은 남자들이 함께 모여 어떻게 하면 인류의 언어 장벽을 무너뜨릴 수 있을까 하는 문제에 관해 이런저런 의견을 내놓았습니다. 제1차 세계대전 직전까지 넘치도록 많은 제안이 쌓였지요. 그 결과 에스페란토, 링구아 콤뮨, 이디옴 노이트랄, 인터 링구아, 페리오, 링구아 인터네셔널, 엑셀시오로, 울라, 몬도링그보, 안티도, 로마니차트, 로마날, 메츠 보조, 옥시덴탈, 인터 글로사 등 수없이 많은 '인공어'가 생겨났습니다.

:: 하나의 언어를 만들기 위한 설계도

다양한 인공어 창시자들은 모두 하나의 목표를 가지고 있었습니다. 가능한 많은 사람이 쉽게 쓸 수 있는 언어를 만드는 것이었지요. 그래서 인공어들은 흔히 세계에 가장 많이 퍼져 있는 언어의 요소들을 차용했습니다. 그중에서도 고전적인 사례는 에스페란토일 것입니다. 안과 의사였던 루드비크 라자루스 자멘호프는 1887년 바르샤바에서 세계언어를 만들 계획안을 작성합니다. 그는 40페이지나 되는 팸플릿에 자신의 이름을 '에스페란토 박사'라고 소개했습니다. 새로운 언어로 해석하면 '소망하는 자'라는 뜻입니다. 자멘호프의 이 비밀 이름은 그가 개발한 언어의 이름이 되었습니다.

언어를 좋아했던 이 안과 의사는 여러 가지 개념을 위한 단어들을 고안하면서 가능하면 많은 유럽 사람이 이해할 수 있는 어근을 사용하기 위해 노력했습니다. 예를 들면 glaso가 '유리'를 나타내는 단어임을 이미 Glas(유리)를 알고 있는 독일인, 영국인, 미국인이라면 누구나 쉽게 이해할 수 있을 것입니다. 또한 bona가 '좋은'이라는 뜻임은 스페인 사람(그리고 라틴 아메리카 사람), 이탈리아인, 프랑스인들이면 누구나 금세 알 것입니다.

자멘호프 박사(별명: 에스페란토 박사)는 비단 논리 정연한 단어들만을 만들어 낸 것이 아니었습니다. 그는 가능한 간단한 문법을 구성하려고 노력했습니다.

- 관사는 하나만으로 제한한다: la(예를 들어 독일어에는 관사가 세 개나 있음. der, die, das).
- 복수형을 만드는 법칙도 단 한 가지 방법으로 제한한다: 단어의 맨 뒤에 '-j'만 붙이면 된다(독일어라면 매우 여러 가지 복잡한 규칙이 있음).
- 모든 동사의 활용 방법도 단 한 가지로 제한한다: (독일어에는 190가지가 넘는 활용 방법이 있음).
- 모든 단어의 구성을 위한 논리적인 '조립형 시스템'.

음절	음절의 의미	에스페란토어	단어의 의미
-o	기본 단어(남성)	kok-o	닭
-ej	특정 장소	kok-ej-o	닭장
-ist-	직업	kok-ist-o	닭 사육자
-id-	후손	kok-ist-id-o	닭 사육자의 아들
-in-	여자 후손	kok-ist-id-in-o	닭 사육자의 딸

　　세계 인공어를 만들기 위한 전혀 다른 종류의 기발한 생각들도 있었습니다. 프랑스에서는 음절이 아니라 음계의 차이로 공용 언어를 만들자는 제안이 나왔습니다.

｜ 말 – 노래 – 박자 두드리기 – 솔레솔 ｜

19세기 초, 프랑스의 음악가였던 프랑수아 수드르가 개발한 인공어에 관한 기이한 이야기가 전해지고 있습니다. 그는 인류가 평이한 음절로 이야기를 나눌 것이 아니라 음악을 통해 대화를 나누어야 한다고 주장했습니다. 새로운 인공어를 개발하기 위해 수드르는 프랑스에서 사용하던 (이탈리아와 스페인과 한국에서도 마찬가지로 사용되었던) 음계의 이름을 그 기본으로 삼았습니다. 도-레-미-파-솔-라-시. 단어 하나마다 다섯 개의 음계가 들어간다면 총 1만 1,732개의 단어가 생길 수 있습니다. 수드르는 그 정도면 웬만한 언어가 필요한 모든 단어를 만들 수 있는 양이라고 생각했지요.

지휘자였던 수드르는 '아니오'와 같이 특별히 중요한 단어는 가능한 짧게 만들었습니다. 그래서 '시-라'와 '도'는 '아니오'와 '안- (안 하다)'을 나타냅니다. 똑같은 분야에서 다양한 단어들은 음계를 점점 높였습니다. 단어의 마지막 음계가 높으면 높을수록 더욱 더 큰 개념을 나타냅니다. 즉, 도레도는 시간, 도레미는 하루, 도레파는 일주일, 도레솔은 한 달, 도레라는 한 해, 도레시는 한 세기를 뜻하는 단어지요.

수드르는 자신이 고안한 인공어의 다양성을 다음과 같이 제시했습니다. 누군가 '하루'를 말하고 싶으면 도레미라고 말하거나 혹은 도레미라는 음계에 맞춰 음을 흥얼거릴 수도 있으며, 그도 아니면 악기로 연주할 수 있습니다. 또한 숫자로 그것을 대신할 수도 있습니다. 7개의 음계는 숫자로도 기록할 수 있기 때문이지요. 즉, 하루는 도레미이며 숫자로 하면 123입니다. 이 숫자는 문자로 쓸 수도 있고 혹은 타법으로 두드리며 나타낼 수도 있습니다. 그러니까 '똑-똑 똑-똑똑똑' 하고 두드리면 '하루'라고 말한 셈이 됩니다.

음계나 소리 없이도 솔레솔 대화법을 사용할 수 있는 가능성이 하나 더 있습니다. 누군가 이야기를 하고 싶다면 상대방에게 손을 내보이며 한쪽 손이 악보라는 것을 알리기만 하면 됩니다. 그러면 다섯 손가락은 악보의 5선이 되는 셈이지요. 이젠 다른 쪽 손가락으로 악보가 되는 손가락을 가리키며 자신이 말할 문장의 악보를 짚으면 됩니다.

하지만 곧 문제점이 드러났습니다. 이 언어는 분명 매력적임에 틀림없지만 인간이 이것을 익히기 위해서는 컴퓨터 같은 기억력을 지녀야만 가능하기 때문입니다.

:: 용감한 이상주의자들 – 에스페란토 지지자

19세기에 거세게 불타올랐던 세계언어에 대한 관심에도 불구하고 곧 각성의 시간이 찾아왔습니다. 최초의 세계언어로 떠올랐던 볼라퓌크의 지지자들은 얼마 가지 않아 이 언어의 복잡한 문법을 개선해야 한다는 문제를 두고 격렬한 논쟁을 벌였습니다. 볼라퓌크 사용자들 안에서 — 세계언어를 만들어 전파하자는 취지에 도무지 맞지 않는 현상이었지만 — 곧 서로를 적대시하는 파 싸움이 생겨납니다. 그 결과 볼라퓌크는 그 의미를 상실한 채 사람들의 기억에서 사라지고 말지요. 수백 종류의 다른 제안들 역시 거의 기록문서보관소 같은 곳으로 사라져 들어갔습니다. 단 하나의 예외를 제외하곤 지금까지도 모두 먼지를 뒤집어쓴 채 썩어 가고 있습니다.

그나마 어느 정도 활용되고 있는 유일한 언어 학회는 에스페란토뿐입니다. 전 세계에 퍼져 있는 에스페란토 학회는 수백 개에 달합니다. 밴드와 가수들은 에스페란토로 노래를 부릅니다. 그리고 상당수의 작가들은 — 적어도 가끔은 — 에스페란토로 글을 쓰고 있지요. 30만 명의 회원이 있는 경찰협회는 자신들의 모토를 '시민의 친구가 되자!'는 뜻의 에스페란토어 문장 'Servo per amikeco!'로 정했습니다. 세계에 얼마나 많은 인구가 에스페란토를 사용하는지 정확히 알 수는 없습니다. 100만~500만 명이 있다고 추정할 뿐이지요.

하지만 에스페란토 창시자 루드비크 라자루스 자멘호프가 세운 목표에는 전혀 근접하지 못한 숫자입니다. 백 년도 훨씬 전에 그는 가입 신청서 서식을 만들고 거기에 다음의 의무 조항을 명시해 놓았습니다.

"에스페란토 지지자들은 총 1,000만 명의 사람들이 신청서에 사인을 해야만 공식적으로 에스페란토를 사용하겠다고 서약할 것!"

:: 세계 인공어의 영원한 적, 영어

어째서 계획 언어가 획기적인 인기를 누리지 못했는지에 대해서는 의견이 분분합니다. 에스페란토와 유럽에서 개발된 다른 인공어들을 비판하는 사람들은 너무 유럽 언어에 대한 의존성이 높다는 점을 지적합니다. '유리'라는 뜻의 에스페란토어 glaso를 예를 들어 본다면 많은 유럽인은 쉽게 그것을 익히고 이해할 수 있는 반면 일본인들이라면 그렇지 못할 것이기 때문입니다.

모든 문화권마다 각각의 계획 언어를 개발하자는 생각 역시 큰 실효를 거두지 못했습니다. 사람들은 아프리카 언어의 요소들을 차용해 흑인들의 대륙만을 위한 '아프리힐리'라는 문화 언어를 만든 적이 있습니다. 하지만 캅슈타트와 카사블랑카 사이의 전 아프리카 지역에서 지지자를 거의 찾을 수 없었지요.

계획 언어의 성공을 막는 요소는 영국에서 유래합니다. 영어는 많은 나라의 공식 언어이며 학교에서 혹은 심지어 유치원에서부터 배우도록 법제화되어 있습니다. 즉, 슐라이어 신부가 볼라퓌크를 만들며 꿈꿨던 바로 그 세계언어의 역할을 영어가 담당하게 된 거지요.

하지만 영어를 좀 더 깊이 배우고자 하는 많은 사람이 결코 쉬운 언어가 아님을 깨닫게 됩니다. 셰익스피어와 로빈 윌리엄스가 사용하는 언어는 전 인류가 다 같이 쉽게 배울 수 있는 이상적인 언어와는 거리가 멉니다. 세계언어를 지지하는 사람들은 바로 이 문제를 극복하기 위해 몇 가지 좋은 생각을 해냅니다.

:: BASIC에서 BSE에 이르기까지

1930년 영국 언어학자 찰스 케이 오그던은 영어로부터 발전된 국제 언어를 선보입니다. BASIC(베이식) 영어였습니다. BASIC은 글자 그대로 '기본의, 간단한'이라는 뜻만을 담은 것이 아닙니다. 그것은 영미과학국제상업회(British American Scientific International Commercial)의 약자이기도 합니다. 오그던은 영어가 포함하고 있는 60만 단어들로부터 850개만을 추려 냈는데 그 단어들만으로도 얼마든지 말하고자 하는 바를 모두 잘 표현할 수 있다는 것입니다. 거기에 세계적으로 이미 많이 사용되고 있는 coffee와 같은 단어들과 학술 용어들이 첨가됩니다. 오그던의 목록에 들어 있지 않은 단어들을 표현해야 할 경우 베이식 영어를 사용하는 사람은 그 목록에 나온 단어만으로 뜻을 설명해야 합니다.

예를 들어 '관'이라는 뜻의 coffin이란 단어는 오그던 베이식 영어에서는 사용을 금하고 있습니다. 그 대신에 사람들은 'box for a dead body(죽은 신체를 넣는 박스)'라고 고쳐서 말해야 합니다. 이것만 봐도 어째서 베이식 영어가 큰 인기를 누리지 못했는지 그 이유를 알 수 있습니다. 물론 무엇인가를 읽거나 쓸 때 '죽은 신체를 넣는 박스'라는 말이 나오면 쉽게 이해할 수 있는 사람도 있을 것입니다. 하지만 이미 coffin이라는 영어 단어를 알고 있는데도 'box for a dead body'라고 써야 하는 사람이라면 다음과 같은 결론을 내릴 것입니다.

"지금의 영어에 비해 전혀 단순해졌다고 할 수 없잖아! 오히려 더 귀찮기만 한걸."

하지만 또 다른 종류의 영어가 진짜 세계언어가 될 가능성이 있을지도 모릅니다. 마구 뒤섞이고 각양각색의 말투가 섞인 영어, 즉 도쿄나 브뤼셀이나 리우 데 자네이루에서 언어의 장벽을 극복하고자 쓰고 있는 서툰 영어를 말합니다. 그렇게 해서 영어를 모국어로 사용하지 않는 프랑스인, 독일인, 그리스인, 스페인 사람들이 그들의 인공어로 삼은 이 영어는 독자적인 이름으로 불립니다. Bad Simple English(질이 낮고 간단한 영어), 즉 약자로 BSE입니다.

인간은 몇 개의 언어를 배울 수 있을까?

12

••• 게오르크 자우어바인에 관한 이야기는 실로 믿기 어렵습니다. 1831년부터 1904년까지 살았던 이 언어학자에 대해서 다음과 같은 이야기가 전해집니다.

그는 여행을 하던 도중 세 명의 여성을 만났는데 자신이 통 알아듣지 못하는 언어로 대화를 주고받고 있었습니다. 자우어바인은 이 여성들에게 관심이 있었을 뿐 아니라 이들의 언어에도 관심을 가지게 됩니다. 그래서 자우어바인은 여행 계획을 변경하여 이 여성들과 조금 동행하기로 결심합니다. 그 결과 계획보다 5일이나 늦게 목적지에 도착했습니다. 하지만 그 대신 그는 핀란드어를 완벽히 구사하고 있었습니다.

자우어바인이 능숙하게 구사했다는 언어는 끝도 없이 많아 보입니다. 라틴어, 고대 그리스어, 현대 그리스어, 히브리어, 프랑스어, 이탈리아어, 스페인어, 바스크어, 포르투갈어, 영어, 웨일스어, 아일랜드어, 게일어, 네덜란드어, 덴마크어, 아이슬란드어, 노르웨이어, 스웨덴어, 사미어, 핀란드어, 에스토니아어, 라트비아어, 리투아니아어, 폴란드어, 러시아어, 루테니아어, 우크라이나어, 소르브어, 체코어, 슬로바키아어, 불가리아어, 세르비아어, 크로아티아어, 헝가리어, 루마니아어, 알바니아어, 터키어, 아제르바이잔어, 추바쉬어, 타밀어, 카쉬가르어, 쿠미크어, 페르시아어, 아르메니아어, 그루지야어, 산스크리트, 로마어, 힌두어, 카빌레어, 암하라어, 티그리냐어, 콥트어, 고대 이집트어, 아랍어, 말라가시어, 말레이시아어, 사모스어, 하와이어, 중국어(여러 지역의 방언을 포함해서), 맹크스어, 콘월어 등등.

외국어를 배우는 데 믿을 수 없으리만치 엄청난 소질을 타고난 천재들의 이야기는 계속해서 전해지고 있습니다. 1774년은 이탈리아의 기우스페 메조판티가 태어난 해입니다. 스무 살이 되었을 때 그는 벌써 스무 종류의 외국어를 구사할 수 있었습니다. 가톨릭 사제로서 경력을 쌓은 뒤 추기경이 되었을 때 그가 구사할 수 있는 언어의 개수는 70개로 늘어났습니다. 그러나 메조판티는 1850년에 사망했기 때문에, 그가 진짜로 그 언어들을 얼마나 능숙하게 구사했는지는 애석하게도 검증할 수가 없습니다.

지아드 파자의 일화는 사실이라기보다는 전설에 가깝습니다. 그는 1956년 라이베리아에서 태어났고 지금은 브라질에서 살고 있으며 17세 때 이미 54개의 언어를 구사했다고 자부합니다. 파자는 미국에서 공식적으로 인정된 언어 중에 자신이 사용하지 못하는 언어는 없다고 주장했습니다. 하지만 그러한 주장 외에 언어를 잘 아는 사람 앞에서 진짜로 언어를 구사하는 모습을 보여 준 적은 한 번도 없다고 합니다.

:: 헛소문만은 아니다

전설과 사실을 넘나드는 이런 언어 천재들 외에도 확실히 그 능력이 검증된 다언어 구사자가 있습니다. 미국 언어학자 켄 헤일 교수는 50개의 언어를 구사할 수 있었습니다. 적어도 그의 동료들은 50개라고 세었습니다. 하지만 미국 언어학 학회장을 맡고 있는 헤일 교수 자신은 그런 숫자에 큰 가치를 두지 않습니다.

어쨌든 그가 매우 희귀하고 이색적인 언어까지도 능숙하게 구사할 수 있다는 증거 자료가 있습니다. 그는 호주 원주민 언어인 왈비리어를 위한 사전을 만드는 데 참가했고 니카라과의 인디오 언어인 울바와 미스키토어를 위해서도 사전을 만들었습니다.

또 한 명의 검증된 언어 천재를 예로 들자면 요한 반드발레를 거

론해야 할 것입니다. 1960년 벨기에에서 태어난 반드발레는 26세
가 되었을 때 다언어 대회에 참가합니다. 그곳에서 그는 현재 사용
되고 있는 언어 중에서 22가지 언어를 구사했으며 고대 오스만어
와 같이 소멸한 언어 9가지를 잘 알고 있다는 인정을 받았습니다.
2005년 반드발레는 대회가 끝난 후에도 알바니아어, 힌두어, 우르
두어와 핀란드어를 조금 배웠다고 진술했습니다. "하지만 몇 개의
언어를 구사하느냐는 중요하지 않습니다."라고 이 벨기에 청년은
겸손하게 말했습니다.

:: 언어 천재가 되는 비결

　다양한 언어 천재들의 경력을 비교해 보아도 어떻게 하면 그들
과 같이 많은 언어를 단시간에 배울 수 있는지 그 비법을 알아낼
수는 없습니다. 그나마 눈에 띄는 점이 있다면 다언어 구사자 중
다언어를 사용하는 가정에서 태어난 사람은 없다는 것입니다. 그
들은 모두 어린 시절 단 하나의 모국어를 배우며 자라났습니다. 그
러므로 언어 천재가 되기 위해서 아버지는 프랑스인이고 어머니는
미국인이며 독일에서 태어난 후 3년간 중국으로 건너갔다가 6년쯤
러시아로, 그리고 9년쯤 핀란드로…… 이런 식으로 살 필요는 전
혀 없다는 말입니다.

유명한 언어 천재들이 사용한 학습 방법 역시 일괄적으로 모두 똑같지 않습니다. 고고학자 하인리히 슐레이만은 문법을 달달 외우고 학습하는 방법은 좋지 않다고 말했습니다. 규칙 같은 것은 잊어버린 채 일상에서 말을 사용하며 배워야 한다는 것입니다. 그런 식으로 슐레이만은 30개쯤 되는 언어를 익혔습니다.

게오르크 자우어바인 역시 60개의 언어를 문법책으로만 배운 것이 아니었습니다. 그는 '한 언어의 바다에 들어가 헤엄치기'라고 부른 방법을 좋아했습니다. 그리고 자신이 가장 선호하는 학습 방법을 시로 남겼는데, 다언어 구사자답게 이 시를 리투아니아어로 지었습니다.

언어를 좀 더 쉽게 배우려거든

감미로운 노래를 듣고

언어를 가장 쉽게 배우려거든

소녀에게 키스하라

독일어와 중국어 간 통역사였던 에밀 크렙스는 전혀 다른 학습 방법을 사용합니다. 1867년 출생하여 1930년 사망할 때까지 그는 거의 60개 국어를 익혔습니다. 크렙스가 가장 즐겨 사용한 방법은 책들을 앞에 놓고 달달 외우는 것입니다. 그는 주기적으로 새벽 세 시까지 꼬박 앉아 외국어로 된 책을 읽었습니다. 하지만 다른 사람들과의 대화에서 그는 괴팍하고 내성적이라는 평을 들었습니다. 저녁 때 사교 장소에서 그는 '45개 언어로 침묵하는 자'로 유명했다고 합니다.

요한 반드발레는 다언어를 배울 수 있는 길은 집요함과 목표를 이루고자 하는 끈기라고 말합니다. 그는 고향 벨기에의 학교에서 이미 플라만어, 프랑스어, 영어, 독일어, 라틴어를 배웠다는 장점을 가지고 있었습니다. 또 다른 언어를 배울 수 있는 전제 조건이 마련되었던 셈이지요. 그러고도 반드발레는 13세 때부터 늘 외국어 라디오 방송을 들었고 나중에는 몇 시간이고 외국어 텔레비전 프로그램을 시청했습니다.

반드발레는 외국어를 배울 때마다 좋은 계획을 세워야 한다고 말합니다. 중요한 것은 우선 빨리 기본 단어들을 익혀 두는 것입니다. 그는 "2,000개의 기본 단어가 있으면 어느 정도 의사소통을 하는 데 문제가 없습니다. 반면에 희귀한 단어를 외우는 것은 도움이 되지 못합니다. 설령 희귀한 단어 1만 개를 안다 해도 외국어는 별로 늘지 않습니다."라고 말했습니다.

반드발레는 이러한 학습 방법 외에도 자신이 어느 정도 천부적인 소질을 타고났음을 담담히 밝혔습니다. 하지만 그가 배운 모든 언어를 다 똑같이 잘 구사할 수 있는 것은 아니라고 합니다. 그는 "언어는 때론 잠이 듭니다. 그럼 우린 그 언어를 다시 깨워야 해요."라고 말했습니다.

:: 나이가 문제일까?

대부분의 언어 천재들에게 공통점이 한 가지 있습니다. 그들은 대개 14세가 되기 전부터 외국어에 대한 지대한 관심을 보였습니다. 두뇌 연구가들에 의하면 바로 이 나이가 될 때까지 인간의 뇌는 특히 여러 가지 언어를 배울 때 도움을 주는 연결 세포를 가장 활발하게 만들 수 있다고 합니다. 런던 칼리지 대학의 안드레아 미첼리는 언어에 소질을 보이는 사람들의 뇌를 연구한 뒤 다음과 같은 결론을 내렸습니다.

"높은 연령에서 외국어를 배우는 사람은 어린 나이에 배운 사람에 비해서 언어를 능숙하게 구사할 수 없다."

14세가 되었거나 그보다 나이가 많다고 해서 외국어 정복하는 것을 완전히 포기하라는 말은 결코 아닙니다. 대부분의 언어학자가 외국어를 일찍 배우는 것이 더 좋다는 데 동의하지만, 언어를 배우는 데 뚜렷한 법칙이 있는 것은 아니기 때문이지요. 어렸을 때 외국어와 접촉한 사람이라고 해서 모두 언어의 천재가 되지는 않습니다. 이민자의 아이가 말을 배우는 데 어려움을 겪는 경우는 허다합니다. 그들은 부모님의 언어를 배우는 데 어려움을 겪거나 이민국의 언어를 배우는 데 고생을 합니다.

다른 한편으로 어른이 되어 배운 외국어로 글을 쓰고 상을 받는 작가들도 있습니다. 스페인 작가 호르헤 셈프룬은 프랑스어로 글을 썼고 이탈리아 작가 안토니오 타부키는 자신의 작품 중 일부를 포르투갈어로 썼습니다. 그리고 러시아 태생의 작가 블라디미르 카미너는 독일 베를린에 살면서 독일어로 쓴 작품을 베스트셀러 목록에 올리곤 합니다.

하지만 어떤 사람이 놀이하듯 쉽게 다언어 구사자가 될 때 뇌 속 어느 한 부분에 자리 잡은 소질 같은 것이 도움이 될 수는 있습니다. 뒤셀도르프 대학의 연구자 그룹과 연구소 '율리히'는 에밀 크렙스의 뇌가 다른 보통 사람들의 뇌와는 다르게 생겼다는 것을 발견했습니다. 연구원들은 몇 년 전 크렙스가 죽은 뒤 줄곧 보관되어 있던 뇌의 단층을 최첨단 기계로 찍어 보았습니다.

그 결과 언어를 담당하는 데 결정적인 역할을 맡는 뇌의 특정 부분(이른바 브로카 영역이라고 불리는 부분)이 평범한 사람들에 비해서 완전히 다른 '구조'를 가지고 있다는 사실을 알아냈습니다. 즉, 그의 뇌 속 신경세포들은 다른 사람에 비해 다른 형태로 얽혀 있었습니다. 바로 그것이 중국어 통역사였던 크렙스로 하여금 많은 언어를 익힐 수 있게 한 이유인지도 모릅니다. 그럼에도 불구하고 거꾸로 어떤 사람이 두뇌 속에 특별한 브로카 영역을 지녔다고 해서 무조건 그를 언어의 천재라고는 말할 수 없다고 합니다.

인간은 모든 문장을
다 번역할 수 있을까?

13

●●● 하나의 언어를 다른 언어로 번역하는 일로 먹고살고자 한다면 그는 곧 이탈리아어의 말장난에 대해 듣게 될 것입니다. traduttori-traditori(트라두토리-트라디토리). 이 말장난은 번역가(주로 문자언어를 다른 나라의 언어로 옮기는 사람)들을 위해서나 혹은 통역가(주로 구술언어를 다른 나라의 언어로 옮기는 사람)를 위해서 두 가지 씁쓸한 교훈을 담고 있습니다. traduttori-traditori는 글자 그대로 번역하면 '번역자–반역자'라는 뜻입니다. 그 정도 문제라면 그냥 지나갈 수도 있을 것입니다. 이 이탈리아어로 된 말장난이 가진 정말로 중요한 문제는 다른 데 있습니다. 즉, 그런 말장난은 제대로 번역할 수 없다는 것이지요.

traduttori / traditori라는 두 개의 낱말이 가진 유사한 운율은 아마 다른 언어에서라면 불가능할 것이기 때문입니다. 다른 언어로 번역하는 즉시 이 두 단어가 가지고 있던 경쾌한 운율과 울림은 사라집니다. 이 말장난이 나타내는 내용은 뻔합니다. "번역자와 반역자는 너무나 닮은 점이 많아서 사람들이 누가 누군지 몰라 헷갈릴 지경이다."라는 것입니다. 이탈리아에서는 발음까지도 비슷하니 이 두 종류의 사람이 서로 비슷하다는 것이 청각적으로 느껴집니다. 이런 말은 독일어로도 영어로도 혹은 한국어로도 완전히 만족스럽게 번역되지 않지요.

:: 기술이냐 예술이냐

물론 번역가가 번역하기 쉬운 문장도 얼마든지 있습니다. 영어 문장 'Give me the butter, please'는 어떤 언어로라도 쉽게 번역될 수 있습니다. 글자 그대로 번역하면 되니까요. "나한테 버터를 좀 줘."라고 말입니다. 적어도 보기에는 쉬울 것 같은 문장입니다.

하지만 그건 첫인상일 뿐입니다. 그런 식으로 간단해 보이는 번역이라 할지라도 함정이 있게 마련이지요. "나한테 버터를 좀 줘."라는 번역문은 원 문장과 매우 다른 내용을 담고 있을지도 모릅니다. 즉, 이것은 어쩌면 서로 반말을 쓰는 사이에서 나온 문장이 아니라 영국 여왕이 국정을 논하며 장관과 함께 아침 식사를 나누는 자리에서 말한 문장인지도 모르니까요. 그렇다면 "제게 버터를 좀 집어 주시겠습니까?"라고 번역해야 맞겠지요.

영국의 언어학자 데이비드 크리스털은 "세상에 번역보다 더 어려운 일은 없을 것입니다."라고 말한 적이 있습니다. 심장전문 의사나 우주인이 이 글을 읽는다면 눈썹을 들어 올리며 말도 안 된다는 표정을 지을 것입니다. 그렇지만 조금만 깊이 생각해 본다면 그들 역시 번역이나 통역이 굉장히 까다로운 일임을 알게 될 것입니다. 왜냐하면 아무리 잘한다는 번역가라도 빠지기 쉬운 함정이 너무나 많기 때문이지요. 때때로 번역가나 통역사는 영원히 풀리지 않는 문제를 마주하기도 합니다.

:: 이해를 잘못했거나 잘못 들었을 경우

다른 사람들과 마찬가지로 번역자나 통역사 역시 다른 나라 말로 옮기려는 글을 우선 한 번 읽거나 들어야만 합니다. 그런데 보통 사람들과 마찬가지로 번역자나 통역사 역시 항상 모든 것을 완벽하게 이해하는 것은 아닙니다.

예를 들면 『해리 포터』를 번역한 독일의 클라우스 프리츠에게 다음과 같은 일이 있었습니다. 그가 'mead'를 '고기'라고 번역했다고 네티즌들이 조롱의 글을 올린 것입니다. 그런 비판의 글을 올린 사람들은 어린 마법사에 관한 이 책에서 번역 오류를 찾아내는 것 외에는 할 일이 없는 열광팬들이었지요. 정답은 '꿀로 빚은 술'이어야 합니다. '고기'와는 전혀 다른 사물임에 틀림없지요. 이와 같은 일이 일어난 이유는 간단합니다. 번역자에게는 보통 번역을 위한 시간이 충분히 주어지지 않기 때문에 해리 포터의 번역자 역시 시간에 쫓기느라 mead를 meat로 잘못 보았던 거지요.

미국에서는 통역자의 실수에 관한 전설적인 일화가 전해지고 있습니다. 당시 아프리카 정부 사절은 아프리카의 국가들이 더 이상 옛날의 신들을 믿는 것이 아니라 미래를 믿기 시작했다는 것을 말하고 싶었습니다. 그 정치가는 이렇게 말했습니다.

'L'Afrique n'érige plus des autels aux dieux.'

뜻을 풀이하자면 대략 "아프리카는 이제 더 이상 신들을 위한 제단을 준비하지 않습니다."인데 통역자는 '오뗄 오디외'를 듣는 순간 그 발음에 해당하는 autels aux dieux(신들을 위한 제단)를 머릿속에 떠올린 것이 아니라 그와 비슷한 발음의 hôtels odieux(흉한 호텔)라는 말을 생각했습니다. 그래서 그는 "아프리카도 이젠 더 이상 그렇게 흉한 호텔을 짓지 않습니다!"라고 통역하지요.

번역자가 글을 읽거나 말을 들으며 모든 단어를 제대로 이해하는 경우도 물론 많습니다. 그렇지만 문맥을 잘못 판단해서 실수가 일어나기도 하지요. 스페인 작가의 소설을 독일어로 번역한 책 중에 그런 사례가 있습니다. 아침에 두 명의 남자가 술집으로 들어오는 장면입니다. 그곳의 공기는 특정 음료의 독특하고 지독한 냄새로 가득했습니다. 스페인 원본에는 'manzanilla'의 냄새라고 되어 있었습니다. 번역자는 스페인어와 독일어 사전을 펴곤 여러 가지 뜻 중에서 제일 위의 것을 선택했습니다. '구기자차'였지요.

하지만 술집에는 분명히 술 냄새가 풍기고 있었습니다. 전날 저녁에 그 술이 배달되어 왔기 때문입니다. 스페인에서는 그 술 역시 'manzanilla'라고 부릅니다. 바로 안달루시아의 특별한 와인 이름이지요. 이 번역가가 평소 스페인 와인을 즐겨 마시는 사람이라면 아마도 금방 머리에 그 이름이 떠올랐을 것입니다. 그렇지만 술을 즐기지 않는 사람이라면 맞는 단어를 집어내기가 어려울 것입니다.

단어들이 문맥에서 여러 가지 뜻을 가지는 경우, 다음과 같은 큰 실수가 일어날 수도 있습니다. 1999년 뮌헨에 있는 유럽 특허청에서 동물 복제 기술을 위한 특허를 내준 일이 있었습니다. 독일어로 그 특허에 이름을 붙인다면 '형질전환 동물 복제를 위한 기술'이 될 것이고 영어로 하면 '……a transgenic animal'이라고 번역됩니다.

manzanilla
TEA
manzanilla
WIN

유럽 특허청에서 그 이름을 영어로 번역한 담당자는 한 가지 사실을 생각하지 못했습니다. 영어로 된 학위논문에서는 animal이 인간을 가리키기도 한다는 사실입니다. 그러니 결국 인간 복제에 관한 기술이 특허를 받은 셈이 되고 말았습니다. 거센 항의가 들어오자 특허청은 즉시 사과해야 했으며 이 점에 관해서 나중에 다시 제한 사항을 첨가했습니다. 그 담당 번역자는 아마도 자신이 했던 실수를 평생 잊지 못할 것입니다. 정말로 동물만을 가리키는 경우 학문적인 영어 문서에서는 단순히 animal이라고만 할 것이 아니라 'non-human animal'이라고 써야 한다는 것을요.

:: 여러 가지 실수

번역자들이나 통역자들이 흔히 범하는 실수가 또 있습니다. 단어와 단어 간의 친척관계를 잘못 생각하는 경우입니다. (특히 서양의 경우) 두 나라의 두 단어가 비슷하게 혹은 똑같이 발음되는 경우 사람들은 그 두 단어가 같은 뜻일 거라고 생각하기 때문입니다. 어떤 사례들은 이미 너무나 유명한 나머지 번역자들이 더 이상 실수를 하지 않지요. 예를 들어 영어를 잘하는 사람은 'become(되다)'이 무슨 뜻인지 알고 있으며, 독일어의 'bekommen(받다)'과는 아무런 상관이 없음을 잘 알고 있습니다. 하지만 두 단어를 헷갈리는 실수는 언제든지 도처에서 일어날 수 있습니다.

누군가 스페인어를 배운다면 'besar'가 '입을 맞추다'라는 뜻임을 알게 됩니다. 그리고 그가 만일 다시 프랑스어를 배운다면 besar와 비슷하게 보이고 거의 똑같은 식으로 발음되는 단어 'baiser'를 배울 것입니다. 옛날 사전을 보면 baiser의 뜻 역시 '입을 맞추다'라고 나옵니다. 그 결과 그는 두 단어의 뜻이 똑같다고 생각하기 쉽습니다. 하지만 프랑스에서 baiser라는 단어는 훨씬 더 깊은 관계에서만 사용됩니다. 그러므로 스페인 남자가 어떤 여자에게 besar를 요구하면 그는 그 여자와 입을 맞추게 될 뿐이지만, 프랑스 남자가 여자에게 baiser라는 단어를 쓴다면 그들은 입을 맞추고 나서 결혼하고 아이를 낳을지도 모릅니다.

단어의 혼동이나 문화에 대한 무지에서 오는 번역의 실수도 흔히 발생합니다. 한국의 경우를 예로 들어 보겠습니다. 다음의 표 17은 성균관대 이재호 교수의 논문에서 발췌한 자료로, 한국에서 이루어진 기존의 잘못된 번역과 그것의 새로운 번역입니다.

또한 번역자를 어렵게 하는 때는 운율이 들어가거나 장난스럽게 사용된 말을 다른 나라 말로 옮겨야 할 때입니다. 그런 경우 그 말의 정확한 의미를 번역하기는 거의 불가능합니다. 의미나 암시나 발음을 장난스럽게 변용하면서 농담을 하거나 비유적인 표현을 하는 경우가 그렇습니다.

예를 들어 한국말의 '청개구리' 같은 단어를 영어로 번역하는 경

영어 표기	잘못된 번역	새로운 번역
the great expectations	위대한 유산	막대한 유산
brave new world	용감한 신세계	멋진 신세계
the ballad of reading gaol	독서하는 감옥의 노래	레딩 감옥의 노래
the spirit level	영혼 측정	주정 수준기
the wife of bath	목욕하는 아내	바스의 여장부
Howards End	하워드가의 종말	하워드 엔드
lost in translation	사랑도 통역이 되나요?	황홀경
Bull's eye	황소의 눈	명중
the sleeping beauty	잠자는 숲 속의 미녀	잠자는 미녀

우 어떤 번역자들은 글자 그대로 'green frog'라고 옮길지도 모릅니다. 하지만 청개구리는 단순히 개구리라는 동물의 한 종류일 뿐만 아니라 한국 사람들의 일상생활에서 '언제나 시킨 것을 거꾸로 하는 사람'이라는 뜻을 갖습니다. 그러므로 만일 어머니가 아들에게 "이 청개구리 같으니라고!" 하며 나무라는 장면이 글자 그대로 영어로 번역되었다면 그것을 읽거나 듣는 미국 사람들은 어머니가 아들을 왜 갑자기 개구리라고 부르는지 이해할 수 없을 것입니다.

무엇보다도 가장 어려운 경우는 다른 나라나 문화권에서 오래 살아 보지 않고서는 알 수 없는 개념이나 상황을 번역해야 하는 때

입니다. 그런 식으로 발생한 번역 실수가 큰 역사적 사건을 일으킨 적도 있지요. 제2차 세계대전이 끝나 갈 무렵 히로시마와 나가사키에 원자폭탄이 떨어진 사건 역시 번역으로 인한 오해가 부른 결과였습니다. 1945년 미국을 중심으로 한 연합국은 일본군에게 무조건 항복을 요구했습니다. 그때 보내온 일본인들의 대답 중에서 열쇠가 되는 개념이 '모쿠사츠(もくさつ, 默殺)'란 말이었습니다. 그 말은 영어로 'ignore(묵살하다, 무시하다)' 라는 말로 번역되었습니다. 그래서 연합국의 군인들은 항복하라는 자신들의 요구를 일본군이 묵살하는 것으로 간주했습니다.

하지만 모쿠사츠란 말은 영어의 ignore와는 전혀 다른 의미를 내포할 수 있습니다. 오히려 협상 중에 조금 시간을 가지고 지켜보겠다는 말일 수 있지요. 미국의 극동아시아 전문가 보이에 라파이에트 드 멘테는 서양인들로서는 일본인들의 이 독특한 협상 방식을 도저히 이해하지 못했을 것이라고 단언합니다. 서양인들은 협상이 열리면 계속해서 뭔가 대화를 나누려는 습관이 있기 때문입니다. 하지만 일본인들은 정신적으로 일단 협상에서 한 걸음 뒤로 물러난 뒤 무슨 일이 일어나는지 사태를 관망하는 경향이 있지요.

미국인들이 모쿠사츠란 말이 내포하는 여러 가지 뜻을 제대로 알았더라면 히로시마와 나가사키의 원자탄 투하를 막을 수도 있었을 거라는 이론들이 있습니다. 하지만 대부분의 역사가는 일본인들이 이렇든 저렇든 전쟁을 계속하려 들었을 것이라고 진단합

니다. 그건 곧 미국인들 역시 원자탄을 투하했을 것이라는 말과
상통합니다.

그러므로 번역자들이 실수할 가능성은 몹시 많습니다. 대부분의
통역사, 그중에서도 특히 문학작품을 번역하는 사람들이 너무도
적은 보수를 받는다는 사실을 생각해 본다면 이 사실은 더 씁쓸한
느낌으로 다가옵니다. 하지만 번역자들의 실수를 이해할 수 있는
두 가지 길이 있습니다. 첫째, 실수에 관해서 다소 관용을 보이는
태도를 가지는 것입니다. 두 번째는 하나의 문서가 다른 언어로 옮
겨질 수 있는 가능성이 매우 다양함을 인식해야 합니다.

:: 번역 프로그램

기계가 인간을 대신해 번역을 담당할 수 없을까라는 생각은 이
미 18세기부터 있어 왔습니다. 그리고 그 계획을 정말로 실행에
옮기기 위해서는 많은 시간이 필요했습니다. 제2차 세계대전이 끝
난 후 처음으로 컴퓨터가 개발되었을 무렵 전문가들은 한때나마
기계가 번역을 대신해 줄 수 있으리라는 기쁨으로 들떴습니다. 하
지만 얼마 가지 않아 아무리 공들여 만든 프로그램이라 해도 결국
은 전자 사전적 기능밖에는 수행하지 못한다는 것을 깨달았지요.
기계는 한 언어의 개념에 해당하는 다른 언어의 단어를 찾아내야

했습니다.

　그런데 아주 간단할 것같이 여겨지는 '물'이라는 단어조차 여러 가지 의미로 해석됩니다. 가령 한국어로 '물을 마시다'의 물과 '물이 오른 살구꽃'에서 '물'의 의미는 각각 다르며, 또 '그 일은 이제 물 건너갔다'라는 문장 속의 물은 전혀 다르게 해석되어야 합니다. 그러므로 번역 프로그램은 한 단어를 다른 단어로 단순히 옮기는 기능만을 수행해서는 안 됩니다. 각각의 단어 주위를 두루두루 살펴서 그 단어가 들어 있는 문장이나 낱말의 문맥을 파악해야 합니다.

　하지만 어떤 좋은 컴퓨터라도, 혹은 아무리 훌륭한 프로그래머라도 그러한 과제를 해결할 수 없습니다. 컴퓨터가 개발된 후 수십 년이 지난 오늘날까지도 완벽하게 신뢰할 만한 번역 프로그램은 존재하지 않습니다. 지금으로서는 간단한 기술 분야의 문서인 경우 컴퓨터 프로그램이 대략적인 초벌 번역을 담당할 수 있는 정도입니다. 프로그래머들은 여러 가지 문맥에서 쓰인 단어들의 용법을 계속해서 보완하고 개선해 나가야 합니다.

　인간의 언어가 가진 기본 특징은 그 어떤 컴퓨터라도 따라잡을 수 없습니다. 인간이 머릿속에 저장해 둔 단어들을 연결해 문장을 구성할 수 있는 가능성은 무궁무진하지요. 끝없이 많은 문장이 만들어질 수 있습니다. 왜냐하면 인간의 뇌에는 상상력과 개념들이 들어 있으며, 인간은 자신이 가진 '의식'을 밖으로 나타내 보이기 위해 언어를 사용하니까요. 아무리 성능 좋은 컴퓨터라도 인간의 이런 점을 따라올 수는 없습니다. 기계는 '의식'을 가질 수 없으며 앞으로도 영원히 가지지 못할 것이기 때문입니다.

:: 만능 번역 프로그램의 꿈이 사라지다

1960년대 텔레비전 속에서 광활한 우주를 날기 시작한 〈스타트랙〉의 우주선 엔터프라이즈 호에 장착된 컴퓨터 같은 것은 아마 영원히 만들어지지 못할 것입니다. 모든 인간의 언어를 자유자재로 번역할 수 있는 '만능 번역 프로그램'은 영원히 인간의 꿈으로 남을 것입니다.

그와 마찬가지로 '바벨피시' 역시 꿈으로만 남을 것입니다. 바벨피시는 SF 작가 더글러스 애덤스의 책 『은하수를 여행하는 히치하이커를 위한 안내서』에 나오는 기계장치입니다. 이 책의 내용에 따르면 이 기계장치를 인간의 귀 속에 넣으면 다음과 같은 일이 벌어진다고 합니다.

"바벨피시는 아주 쓸모가 있다. 이 기계장치를 귀에 넣고 있으면 어떤 종류의 언어를 듣더라도 즉석에서 바로 이해할 수 있다. 바벨피시가 설치해 놓은 전기 매트릭스를 통해 상대가 말하는 언어 체계가 곧바로 뇌에서 해석된다."

미국 컴퓨터 프로그램 중에 '바벨피시'라는 것이 있습니다. 인터넷상에서 무료로 이용할 수도 있는 번역 프로그램이지요. 알타비스타라는 회사가 만든 이 프로그램은 낱낱의 단어나 짧은 문장을 다른 나라 말로 옮기는 데 어느 정도 도움을 줄 수 있습니다. 하지만 때때로 우스꽝스러운 결과물을 제시하기도 합니다. 복잡하거나 조금이라도 깊은 뜻을 내포한 문장이라면 아예 터무니없는 번역밖에는 제시하지 못합니다.

예를 들어 바벨피시 프로그램에 셰익스피어의 시문 한 구절을 입력해 보면 터무니없는 번역문을 제시합니다.

Shall I compare thee to a summer's day?

Thou art more lovely and more temperate

Rough winds do shake the darling buds of May.

And summer's lease hath all too short a date……

– 셰익스피어, 소네트 18

이에 대한 바벨피시의 번역을 볼까요.

Shall I는 summer에 thee를 비교한다. s일? 더 사랑스럽고 더 온화한 Thou 예술 거친 바람은 5월의 귀여운 새싹을 동요한다. 그리고 summer's 빌림 hath 모든 너무 짧은 날짜

이 시문의 한국어 번역은 다음과 같습니다.

내 그대를 여름날에 비해볼까?
그대는 보다 아름답고 상냥스러워라.
거친 바람은 5월의 향긋한 꽃봉오릴 흔들고,
여름의 기간은 하 그리도 짧은가

– 박기열의 번역 중 발췌

그러므로 인간 번역자와 통역자를 대신할 수 있는 기계나 프로

그램은 어디에도 없으며, 앞으로도 절대 없을 것입니다. 문학작품
과 같이 까다로운 텍스트일 경우에는 더더욱 그러하지요.

부록

밀러와 이기문의 한국어 계통도

밀러의 한국어 계통도

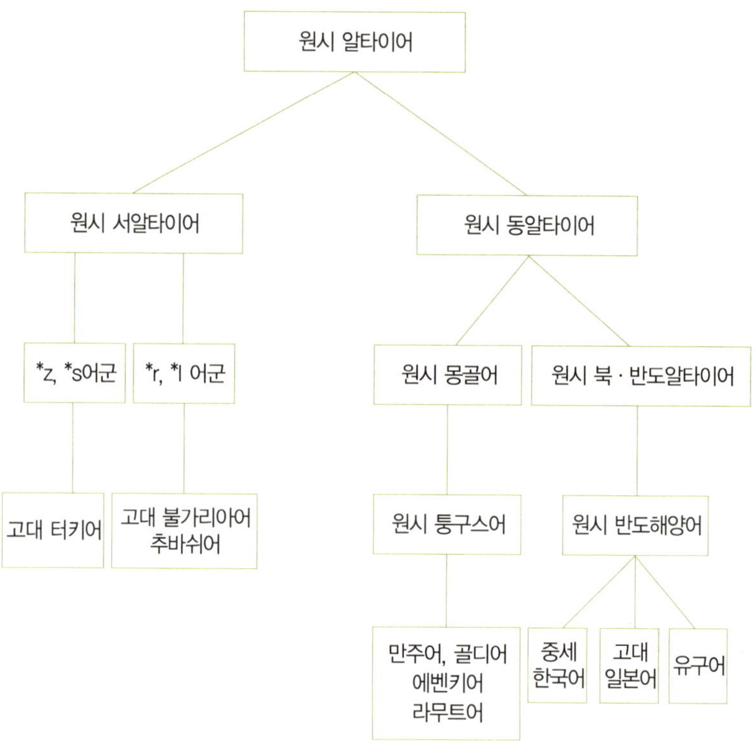

이기문의 한국어 계통도

알타이조어
터 · 몽 · 퉁 공통어
부여 · 한 공통어
선사 터키어
몽고 · 퉁구스 공통어
원시 부여어
원시 한어
원시 일본어
고구려어
백제어
신라어
고대 일본어

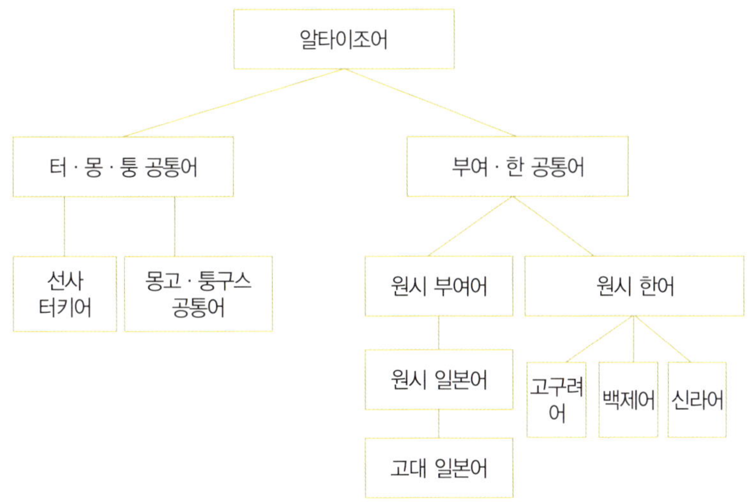

한눈에 보는 세계언어의 계보

학자들에 따라 다르지만 전 세계에는 약 6,000~7,000여 가지의 언어가 존재하는 것으로 알려져 있고, 이 중 사용 인구가 1,000명을 넘는 언어는 600여 개도 안 되는 것으로 알려져 있습니다. 일부 학자들은 사용 언어를 약 19가지의 어족으로 나누어 하위분류를 하고 있지만, 아직 연구가 되지 않은 많은 언어가 있어서 정확한 분류라고는 할 수 없습니다. 특히 중국이나 러시아의 오지, 아마존 유역의 소부족 언어들, 남북 아메리카와 아프리카의 많은 언어가 잘 알려지지 않은 관계로 어족 분류에서 대부분 간단하게 처리되고 있지요.

대규모 언어들인 중국어, 영어, 러시아어, 아랍어, 스페인어 등은 각각 사용자 수가 11억, 5억, 2억 8,000, 2억 2,000, 3억 2,000명 정도 되는 것으로 알려져 있습니다. 한국어도 사용자 수가 7,500만 명에 이르는 거대 언어로 사용자 수로 볼 때 대략 16번째에 해당하는 언어입니다. 계통상으로는 알타이어계에 속한다는 견해가 일반적이지만 다른 견해들도 있지요.

한편 몇몇 거대 언어의 분포를 보면 다음과 같습니다.

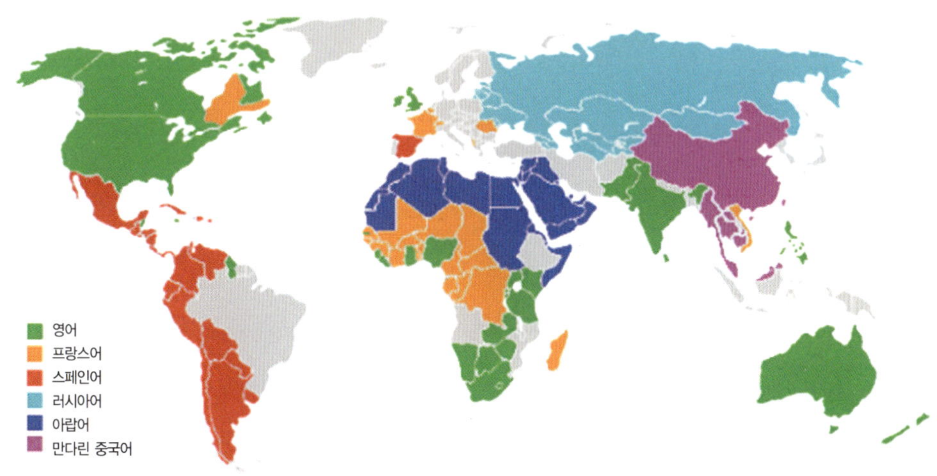

위의 지도에서 보듯이 영어는 전 세계에 널리 퍼져 있음을 알 수 있습니다. 한 언어가 국제어로서 강력한 힘을 발휘하는 데는 언어 외적인 요인들, 즉 정치, 경제, 군사, 문화 등의 힘이 작용하지만, 특히 영어처럼 전 세계에 널리 퍼져 있음으로 인해서 국제어로서의 강력한 힘을 유지하기도 합니다. 중국어가 사용자 수에 있어서는 영어를 압도하지만, 전 세계적 영향력 면에서는 영어에 미치지 못하는 이유도 이러한 지리적 제한성 때문이라고 할 수 있지요.

한눈에 보는 한국어 변천사

현대 한국어가 언제부터 한반도에서 사용되었는지, 또는 한반도에 살았던 사람들이 한국어를 사용했는지를 고증하는 것은 쉽지 않습니다. 역사에 기록되기 이전의 사람들이 어떤 언어를 사용했는지를 보여 주는 증거가 없기 때문이지요.

우리는 보통 고조선 시대 이래로 한국어를 사용했을 것으로 추정하고, 고구려, 백제, 신라의 삼국이 나뉘어 있던 시기에도 약간의 차이가 있지만 서로 소통이 가능한 범위의 방언들을 사용하지 않았을까 생각합니다. 그렇게 본다면 한국어는 단군신화를 제외하더라도 적어도 2,000년이 넘는 장구한 역사를 가진 언어입니다. 고조선이 한사군의 설치로 멸망한 이후부터 보더라도 2,000년이 넘는 긴 기간이므로 한국어가 지금과는 많이 달랐으리라고 생각할 수 있습니다. 이는 영어가 449년 지금의 영국 섬으로 이식된 후 지금까지 약 1,500여 년 동안 겪은 변화를 보아도 미루어 짐작할 수 있지요.

학자들에 따라 한국어의 변천 과정을 3가지나 5가지로 시대를 구분하여 설명하기도 합니다(박병채, 국어발달사, 1992, 세영사). 즉, 고대, 중세, 근대로 보는 방법과, 고대, 중고, 중기, 근대, 현대로 보는 방법입니다. 그러나 무엇보다도 한글이 창제된 1440년대를 전후로 하여 한국어는 많은 변화를 겪었다는 것이 학자들의 공통된 견해입니다. 훈민정음의 창제 시기를 전후하여 이전을 고대국어, 이후를 중기국어로 보는 데 많은 학자가 견해를 같이합니다. 이를 정리하면 다음과 같습니다.

1. 고대국어: ~ 1443년

     전기 고대국어: ~1103년

     후기 고대국어: 1103~1443년

2. 중기국어: 1443~1598년

3. 근대국어: 1598~1894년

4. 현대국어: 1894년~

위의 분류에서 고대국어를 두 시기로 나누는 것은 『계림유사』 (1103)와 관계가 있습니다. 『계림유사』는 중국 사람이 한국어를 듣고 한자로 전사한 것이지만 고려 시대의 언어 구조를 다소나마 보여 준다는 점에서 매우 귀중한 자료입니다.

후기 고대국어 시대는 몽골의 침략과 장기간에 걸친 영향으로 한국어에 많은 몽골어 어휘와 영향이 침투한 기간이기도 합니다.

한국어의 '말'과 몽골어의 '마르' 혹은 '말'은 차용인지는 증명할 수 없지만, 몽골어의 영향을 보여 주는 예라고 볼 수 있습니다.

중기국어는 앞에서 말한 것처럼 훈민정음의 창제 이후부터 1598년까지의 시기를 말합니다. 1598년은 임진왜란이 종결되는 시점으로서 언어 내적 요인으로 여러 가지 변화가 일어난 시기라는 데 학자들의 의견이 일치하지요.

또 이 시기는 최세진이라는 걸출한 국어학자가 활동하면서 한국어 발전에 크게 이바지한 시기이기도 합니다. 세종대왕을 제외하고 한국어와 한글 발전에 가장 큰 공헌을 한 사람을 꼽으라면 필자는 주저 없이 최세진을 꼽습니다. 그는 오늘날 우리가 알고 있는 훈민정음의 이름들, 즉 기역, 니은, 디귿 등의 이름을 붙인 주인공일 뿐 아니라 『훈몽자회』란 학습서를 저술함으로써 한글의 보급에 지대한 공헌을 했습니다. 자국어의 발전에 기여한 공로로 볼 때, 영국에 셰익스피어가 있다면, 한반도에는 최세진이 있다고 해도 과언이 아닐 정도의 큰 공헌을 한 사람이지만 그에 대한 자세한 평전이 없는 것은 참으로 안타까운 일입니다.

마지막으로 근대국어와 현대국어의 경계는 바로 1894년에 있었던 갑오개혁입니다. 갑오개혁은 여러 가지 서구 문물을 받아들이면서 신분제도가 바뀌고 언어 현상에서도 여러 변화가 있었던 시기입니다. 갑오개혁을 전후하여 한국어 글쓰기에 대한 논란이 이후 수십 년간에 걸쳐 치열하게 전개된 것은 반가운 일이기도 하지요. 풀어쓰기를 할 것인가, 모아쓰기를 할 것인가, 아니면 형태 중심주의를 택할 것인가, 발음 중심주의를 택할 것인가 하는 문제들이 치열하게 논의됨으로써 한국말에 대한 자각을 널리 퍼뜨렸다는 점에서 갑오개혁 이후부터 해방 전후의 기간은 참으로 소중한 시기라고 할 수 있습니다(자세한 논의는 『우리말의 수수께끼』, 2001년 김영사 참조).

시대 구분으로 나누지는 않았지만 1910년부터 1945년까지의 일제강점기는 한국어의 변천 과정에 지대한 영향을 미쳤습니다. 오늘날 많은 뜻있는 사람이 한국어 속의 일본어 잔재를 제거하기 위해 노력하는 데서도 볼 수 있듯이 일본어의 잔재가 아직도 많이 남아 있습니다. 학술, 종교, 법률, 문화 등의 다방면에서 일본어 전문 용어들이 침투해 있지요. 노견과 같은 일본어식 표현은 오늘날 '갓길'로 바뀌었고, '나대지'나 '시건장치'와 같은 용어들도 '빈 집터'나 '잠금장치'란 한국어식 표현으로 바뀌고 있습니다.

그러나 최근에는 해방 이후부터 강화된 미국의 영향으로 인해 영어식 표현이 한국어에 스며들어 오고 있습니다. 본문의 7장에서도 논의된 것처럼 영어식 표현이 도처에 흘러넘쳐서 이제는 영어 단어 한두 개 없이 대화가 불가능할 정도로 많은 영어 어휘가 침투해 있지요. 한국어의 변천사를 논할 때 과거의 중국어, 일본어 영향 못지않게 영어의 영향에 대해서도 면밀한 분석이 필요하다고 생각됩니다.

청소년을 위한 언어란 무엇인가

펴낸날   초판 1쇄 2008년 12월 29일
          초판 9쇄 2024년 9월 23일

지은이   니콜라우스 뉘첼
옮긴이   노선정
펴낸이   심만수
펴낸곳   (주)살림출판사
출판등록 1989년 11월 1일 제9-210호

옮긴이   경기도 파주시 광인사길 30
전화   031-955-1350   팩스 031-624-1356
홈페이지 http://www.sallimbooks.com
이메일   book@sallimbooks.com

ISBN   978-89-522-1059-3   43700
살림Friends는 (주)살림출판사의 청소년 브랜드입니다.

※ 저자와의 협의에 의해 인지를 생략합니다.
※ 잘못 만들어진 책은 구입하신 서점에서 바꾸어 드립니다.